EDITORIAL

Ein Kind aus der Retorte und von alliierten Vätern wird 50. Baden-Württemberg ist 1952 ein Wunschkind gewesen, 70 Prozent der Landeskinder hatten für die Vereinigung der Landesteile Württemberg-Baden, Südwürttemberg-Hohenzollern und Baden gestimmt. Nur die Altbadener ganz unten in Deutsch-Südwest grummelten, zwei Drittel optierten gegen die Liaison.
Vom Bindestrich- zum Musterländle, fast so groß wie die Schweiz, gemeinsame Heimat von Schwaben und Oberschwaben, Kurpfälzern, Franken, Alemannen und Badenern, bitte nicht Badensern. Längst hat Baden-Württemberg das Klischee von Schwarzwaldmädeln und Tüftlern im wüstenroten Eigenheim hinter sich gelassen. Daimler und Porsche stehen fürs globale Image, fleißige Mittelständler für solide Wirtschaftskraft, Genforschung und Biotechnologie für zukunftsweisende Wissenschaft.
Der große Auftritt liegt den Schwaben nicht, lieber „Halt dei Gosch und schaff bei Bosch". Jährlich 2000 Euro über dem Bundesdurchschnitt verdienen die Baden-Württemberger, jeder Achte ist Ausländer und lebt vergnügt mit Kehrwoche und Spätzle mit Soß'.
Wie kein anderes Bundesland dokumentiert Baden-Württemberg das erfolgreiche Nebeneinander von Old und New Economy, groovt zum HipHop der Landeshauptstadt und strahlt im Glanz der badischen Küche. Ein liebenswertes Land, das mit dem Werbespruch „Wir können alles außer Hochdeutsch" sogar Selbstironie beweist. Kein Wunder, wenn man weiß, dass man zu den Besten gehört.

Ihr

Wolf Thieme, Chefredakteur MERIAN

MERIAN bittet zu Tisch

Kulinarischer Hochgenuss mit Blick auf Stuttgart: MERIAN verlost ein Abendessen für zwei Personen im Restaurant Wielandshöhe des schwäbischen Kochs Vincent Klink (s. S. 64, 124). Mehr in **www.merian.de**

INHALT

72 Die Landschaft im deutschen Südwesten – wie hier der Schwarzwald – hat zu allen Zeiten Dichter fasziniert

IM BINDESTRICH-LAND

URBANE ANSICHTEN

48 Tiefschwarz: HipHop aus Stuttgart

58 Porsches heilige Hallen: Von hier kommen die erfolgreichsten Sportwagen der Welt

64 Die gute Küche eint Badener und Schwaben

90 Die Aufführungen finden in der Scheune statt: Volkstheater im Melchinger Lindenhof

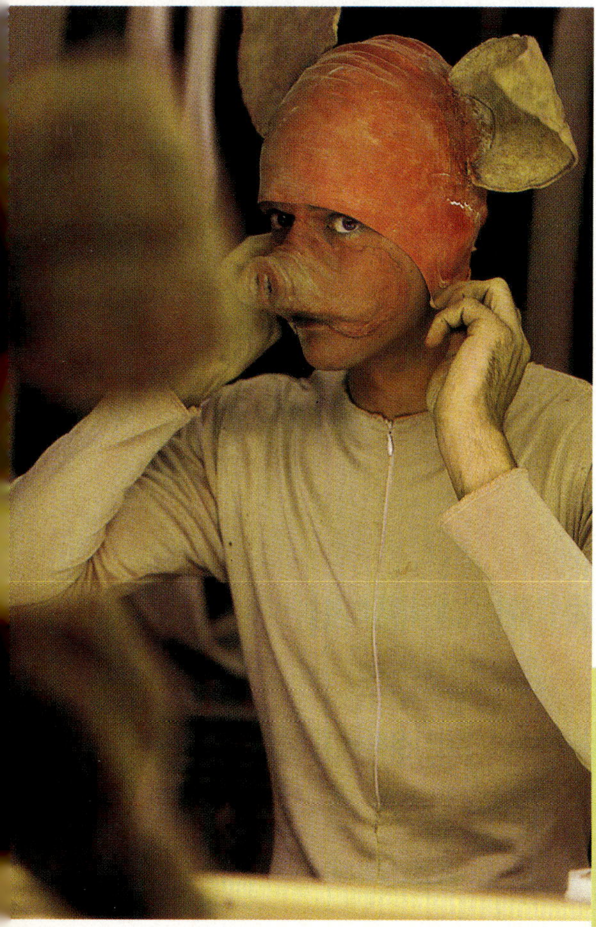

SCHAFFER, TÜFTLER, MACHER

RUBRIKEN

MERIAN-SERVICE-MAGAZIN

Texte: Felix Krohmer, Frauke Meyer, Petra von Olschowski, Tilman Wörtz

Titel: Den Springbrunnen vor dem Neuen Schloss in Stuttgart fotografierte Joachim Messerschmidt

Fotografin Schmid

Fotografin **Dorothea Schmid** (Foto) hatte bei ihrer Reportage über das Theater Lindenhof Schwierigkeiten mit dem rauen Dialekt auf der Schwäbischen Alb. Schmid stammt aus Ulm, lebt aber als Mitglied der Agentur Bilderberg im Ruhrgebiet. Schauspieler hat sie mehrmals fotografiert, die umtriebigen Lindenhöfler faszinierten sie besonders: „Das ist ursprüngliches Theater." Erst bleibe der Schwabe distanziert und rede kaum, habe er jedoch Vertrauen gefasst, rede er ohne Unterlass. Beim Shooting griffen die Theaterprofis Anregungen der Fotografin „mit Fantasie und Spontaneität" auf (Seite 90) und zogen Feuer speiend durchs Dorf.

Schriftsteller Ortheil

Längst ertappt sich **Hanns-Josef Ortheil** (Foto) dabei, auf Fragen mit „Ha noi" zu antworten. Aus dem gebürtigen Kölner ist ein tapferer Halbschwabe geworden. Seit zwanzig Jahren wohnt der Schriftsteller in einem Bahnwärterhaus auf den Höhen Stuttgarts, direkt an der Italien-Strecke. Vielleicht kommt ihm deshalb die ganze Stadt südlich vor. In dem Weinberg rund um sein Haus plant er eine poetische Gartenlandschaft, die auch Stuttgart-Skeptikern die Augen öffnen soll. Ortheil wird nicht müde, Gästen ein heiteres Schwabenland zu zeigen – und darüber zu schreiben (Seite 24).

Fotograf Enker

Als wortkarg charakterisiert sich **Norbert Enker** (Foto). Der Fotograf lebt in Essen, kommt aber aus dem platten Norddeutschland, die Hügel und Berge des Südens haben es ihm angetan. „Auf der Schwäbischen Alb war ich sogar schon mal privat, an Silvester." Menschen auf der Straße anzusprechen, um sie zu fotografieren, das sei „nicht sein Ding". Für die Porträtreihe bekannter Baden-Württemberger verabredete er sich also lange im Voraus: Mit der Nobelpreisträgerin Nüsslein-Volhard traf er sich im Labor, mit dem Troja-Forscher Korfmann im Museum und Jochen Hasenmayer fotografierte er in seinem Blautopf-U-Boot. „Ein bisschen nervös" war Enker dennoch – eine gute Voraussetzung, gute Bilder zu machen, wie er findet (Seite 28).

Zeitenspiegel-Team

Umringt von Weindörfern und Streuobstwiesen zu leben und zu arbeiten, das war eine basisdemokratische Entscheidung der Journalisten vom **Zeitenspiegel**. Welt ist überall, befand das Team, aber in Weinstadt im Remstal sei sie charmanter und weniger aufgeregt. Von dort – oder ihren Niederlassungen in Havanna und Hamburg, Bielefeld und Dortmund, Brüssel und Mailand – reisen die Autoren und Fotografen nach Tschetschenien, in den Kosovo, nach Kambodscha. Aber genauso gern nach Freudenstadt und Melchingen, wie für dieses MERIAN-Heft, das der Zeitenspiegel federführend betreut hat (v. l.: Rainer Nübel, Markus Grill, Stefan Scheytt, Frauke Meyer, Uschi Entenmann, Asmus Heß, Cira Moro, Theo Barth, Hund Bailey).

Für die Küche, nicht für den Landeshaushalt: Bullings Spätzle-Wunder

Spätzle wie nie zuvor

Gute Presse

Eine schwäbische Karriere: zwölf Jahre als Regierungspräsident in Stuttgart und dann noch den Beinamen „Spätzles-Edison". 1983 ging Dr. Manfred Bulling im heimischen Hobbykeller und außerhalb der Dienstzeit ein Licht auf – er erfand eine Spätzlespresse, die er „Spätzles-Meister" nannte. Der Trick: Aus den unterschiedlich geformten Löchern der Handpresse kommen Spätzle, die aussehen, als wären sie von Frau Bulling handgeschabt. Ihr und allen anderen Hausfrauen wollte Bulling dieses „Saug'schäft" ersparen. In einer Weiterentwicklung ist das Gerät heute unter dem Namen „Spätzle-Wunder, System Bulling" in jedem gut sortierten Küchenladen zu bekommen. Bestens geeignet als schwäbisches Mitbringsel.

Ein Bundesland als Saftladen: 11,4 Millionen Streuobstbäume überziehen den Südwesten

Paradies der Streuobstwiesen

Flüssiges Gold

Sie lieben nicht nur Häusle bauen, viele im Südwesten brauchen zu ihrem Glück ein Gärtle mit Apfel-, Pflaumen- und Mirabellenbäumen, die Streuobstwiese. Der Verpflichtung zum Anbau von Obstbäumen durch Herzog Karl Eugen (1737–1793) kamen die Untertanen massenweise nach und wurden so Deutschlands wichtigste Apfelsaftproduzenten. Baden-Württemberg hat die meisten Obstbäume, rund 11,4 Millionen auf 170 000 Hektar, und presst daraus die Hälfte des in Deutschland erzeugten Apfelsafts, jährlich 250 Millionen Liter. „Flüssiges Gold", freut sich der Landwirtschaftsminister.

Artenschutz für den Kochtopf

Schwein gehabt

Das Schwäbisch-Hällische Landschwein – vorn und hinten schwarz, in der Mitte rosa – galt noch vor rund 20 Jahren als ausgestorben, aber jetzt wird wieder die Sau rausgelassen: Dickschädelige Hohenloher Bauern pferchten die letzten sieben Sauen und zwei Eber der ältesten deutschen Schweinerasse zusammen und vollbrachten so eine kulinarische Großtat – zur Freude von Sterne-Köchen und ambitionierten Kantinen-Chefs von Porsche bis Mercedes gedeiht die Rasse heute wieder auf 450 Höfen zwischen Schwäbisch Hall, Künzelsau, Bad Mergentheim, Weikersheim und Crailsheim. Dank Auslauf und heimischem Futter ohne Masthilfsstoffe geht's den „Mohrenköpfen" dort saugut – bis zuletzt.

Gerade noch vor dem Aussterben gerettet: die „Mohrenköpfe"

112 Patentanmeldungen auf **100 000** Einwohner. **53** Michelin-Sterne. **945** Naturschutzgebiete. **2,3 Millionen** Schweine. **13** Regionen. **130** Schlösser, Burgen und Burgruinen. Statistisch **10 169** Euro Sparbuch-Einlagen pro Landesbewohner

Landsleute

Roland Emmerich Lichtbringer Nach dunklen Jahren, in denen deutsche Autoren-Filme das Universum langweilten, habe nun ein Schwabe das Licht angezündet, jubelte die Presse über Roland Emmerichs „Independence Day". Kurz vor seinem Wechsel in die USA drehte der Sindelfinger (Jahrgang 1955) noch in Fabrikhallen seiner Heimatstadt „Hollywood Monster"; aber dann riefen diese, und er folgte unerschrocken.

Anne-Sophie Mutter Genie

„Auf der Haut liegt die Geige am besten", sagte Anne-Sophie Mutter mit 15 und trat im schulterfreien Kleid auf. „Sie ist für uns alle ein Wunder und das größte Talent seit Menuhin," urteilte ihr Förderer Herbert von Karajan, „sie ist ein Genie auf der Geige." Die Badenerin (Jahrgang 1963), die heute mit ihren beiden kleinen Kindern in München lebt, sagt über ihre Stradivari aus dem Jahre 1710, diese sei ihre „Stimme, in gewissem Sinn ein Teil meines Körpers, und von meiner Seele ist sie es ohnehin." Ihr Engagement gilt zeitgenössischen Komponisten. „Es ist ein bisschen wie das Bergsteigen, nämlich an die Grenze des Möglichen zu gehen. Beim Bergsteigen ist es mehr physisch, beim Musizieren spiritueller Natur." Dennoch hört ihre Beschäftigung mit den Klassikern nie auf. An der Tragödie, die hinter einem scheinbar leicht dahingespielten Rondo Mozarts stecke, so Mutter in einem Interview, „können Sie ein ganzes Leben lang arbeiten".

Harald Schmidt Schnellsprecher

Würde Harald Schmidt (Jahrgang 1957) nicht ab und zu Ha noi! ausrufen, niemand würde den Schwaben heraushören. Schauspielschule und Fernsehalltag haben ihm die Nürtinger Artikulation ausgetrieben. Gut für Schmidt, der wieder auf Theaterbühnen zu sehen ist und als Becketts „Lucky" in „Warten auf Godot" in Bochum einen Zungenbrecher sprach: „Prämiiert von der Akakakakademie der Anthropopopometrie in Burg am Berg."

Baden-Württemberger
Who's who

Dieter Baumann, Olympiasieger mit dubios gedopter Zahnpasta. **Graf Lennart Bernadotte,** Inselkönig von Mainau. **Gotthilf Fischer,** Chorleiter und Love-Parade-geschädigt. **Claudia Gehrke,** Erotik-Verlegerin. **Steffi Graf,** Tennisspielerin, wohnt jetzt in Las Vegas. **Peter Härtling,** Schriftsteller. **Marcia Haydée,** Primaballerina und Ex-Ballettdirektorin. **Herbert Henzler,** McKinsey-Chef aus Plochingen. **Ottmar Hitzfeld,** Bayerntrainer mit Liebe zu Brasilien. **Wolfgang Ketterle,** Nobelpreisträger in Physik. **Jürgen Klinsmann,** schönster Fußballer, Welt- und Europameister. **Cem Özdemir,** schwäbelnd deutsch-türkischer Grüner. **Mathias Richling,** Kabarettist und Kohl-Kopierer. **Wolfgang Schäuble,** Ex-Innenminister und Ex-Kohl-Intimus. **Hermann Scheer,** Alternativer Nobelpreisträger für seine Verdienste um die weltweite Förderung alternativer Energiequellen. **Jürgen Schrempp,** erst Daimler-Lehrling, dann dort Chef. **Lothar Späth,** Ex-Landesvater, jetzt mit Durchblick bei Zeiss/Jena. **Ute Vogt,** SPD-Landesvorsitzende und Mitglied des Bundestages. **Alissa Walser,** Schriftstellerin und Schriftstellertochter. **Richard von Weizsäcker,** Alt-Bundespräsident. **Heide Ziegler,** Business-School-Gründerin.

35 752 Quadratkilometer Fläche. **10,4** Millionen Einwohner. **5 866 290** zugelassene Pkw. **4 843 000** Erwerbstätige, davon **2 095 000** Frauen. **58** Heilbäder und Kurorte. **4** Hauptdialekte: Alemannisch, Fränkisch, Pfälzisch und Schwäbisch

Mit Blick auf Kloster Beuron soll hier ein Reiter zu Pferd ins Tal gestürzt sein. Der 86 000 Hektar große Naturpark Obere Donau birgt aber nicht nur schaurige Balladen, sondern auch Attraktionen wie den Donaudurchbruch

Foto: Reinhard Schmid

Höhenflüge

Wald und Wiese, Künstler und Konstrukteure, Design und Datenwelt – eine Reise durch Baden-Württemberg

Concordia, Göttin der Eintracht, schaut von der 30 Meter hohen Jubiläumssäule auf den Pavillon vor dem Neuen Schloss in Stuttgart. Die barocke Residenz, 1746 bis 1807 erbaut, ist heute Sitz von Ministerien

Die Neue Staatsgalerie Stuttgart, gebaut von dem Londoner Architekten James Stirling und 1984 eröffnet, zeigt zeitgenössische Kunst – und zieht auch Artisten auf dem Skateboard an

Baumeister schaffen Großes und Großartiges in der Region: im Barock Stuttgarts Zentrum, zwei Jahrhunderte später ein Domizil moderner Kunst und virtueller Räume

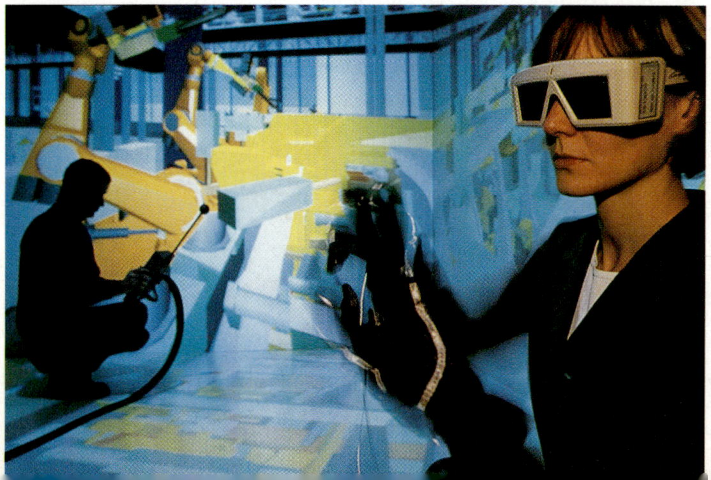

Drei mal drei mal drei Meter misst dieser Raum im Fraunhofer-Institut für Arbeitswirtschaft und Organisation in Stuttgart, und doch passt die ganze Welt hinein. Als virtuelle Simulation, die in Echtzeit bereist werden kann

Auf den Gipfeln leben die **Legenden** über den Nebeln der Geschichte. Sagenhaft die Landschaft. Kein Wunder, dass sie Dichter und Philosophen inspirierte

Foto: Manfred Grohe

Auf dem 855 Meter hohen Zollerberg bei Hechingen thront die Burg Hohenzollern. Das Stammhaus des Adelsgeschlechts auf der Schwäbischen Alb entstand im 11. Jahrhundert und wurde ab 1850 zur Pseudo-Ritterburg umgebaut

In der Kapelle der Burg Hohenzollern dürfen an einem Tag im Jahr auch bürgerliche Ehen geschlossen werden. Viele Paare kommen von weit her

Satte Farben, bunte **Feste** und ein Hauch von Leichtigkeit. Gefeiert wird am Fluss, auf der Burg und in den kleinsten Gemeinden; die Tradition zeigt der Moderne die kalte Schulter

Bollenhüte werden nur in den Schwarzwald-Gemeinden Gutach, Kirnbach und Reichenbach getragen. Elf rote Wollkugeln schmücken die Mädchen, elf schwarze verheiratete Frauen

Jeden vorletzten Montag im Juli ist in Ulm „Nabada“ angesagt: „die Donau hinunterbaden“. Dann zieht ein Karnevalszug von Fähren und Kähnen auf dem Fluss entlang, und die Ulmer stürzen sich in die Fluten

Foto: Werner Mahler

Baden und Württemberg sind reich an **Ornamenten.**
Verzierungen an Wänden, feine Arabesken in Gewölben. Da mag auch die Sprache nicht nackt dastehen und schmückt sich mit schönen Schlenkern

In der Klosterbibliothek von St. Peter im Schwarzwald schuf Peter Thumb, Meister aus Vorarlberg, im 18. Jahrhundert den Barocksaal, Schwarzwälder Künstler wie der Bildhauer Matthias Faller gestalteten ihn mit

Foto: Clemens Emmler

Akrobaten vor dem 116 Meter hohen Münsterturm in Freiburg. Open-Air-Veranstaltungen bergen hier wenig Risiken. Mit 1800 Sonnenstunden pro Jahr gilt die Stadt im Breisgau als Sonnenstube der Republik

Bodenständigkeit gilt als hohes Gut. Wer in die Luft geht, achtet darauf, nicht gänzlich abzuheben. Fantasten sind nicht allzu gern gesehen. Umso mehr Erfinder und Tüftler

Vor weißen Kuben tanzen Skulpturen von Claes Oldenburg und Coosje van Bruggen. 1989 stellte Frank O. Gehry das Vitra Design Museum in Weil am Rhein fertig, ein Glanzstück des Dekonstruktivismus

Foto: Andreas Lobe

In Friedrichshafen werden nach mehr als sechzig Jahren wieder Luftschiffe gebaut. Nicht 245 Meter lang wie die einstigen Giganten, sondern 75. Die Triebwerke sitzen an den Seiten und sind schwenkbar. Das Modell NT (Neue Technologie) kann deshalb wie ein Hubschrauber starten und landen

Württemberger und Kurpfälzer schwätzen für ihr Leben gern, Schwaben schaffen, dass es eine Pracht ist, Kurpfälzer und Badener sind geborene Genießer. Sie alle sind in Baden-Württemberg mit dem Herzen zu Haus

Wo die Seele sitzt

Text: Hanns-Josef Ortheil

Unter Sternen leuchtet Sipplingen am Bodensee. Besonders tagsüber, wenn das Schild des gleichnamigen Hotels geputzt wird und Vorgärten frisch gepflegt erstrahlen

Manchmal träume ich von den Schwaben. Sie kommen mir in Scharen auf dem Stuttgarter Schlossplatz entgegen und nehmen mir die Schwabenprüfung ab.

Ich muss belegen, dass ich in den letzten Wochen ordentlich „gschafft" und meinen Hof einmal die Woche gekehrt habe, ich muss „jetzetle" und „sodele" sagen und dabei gemütvoll und inwendig dreinschauen, und nachweisen, dass ich meinen Trollinger nur aus Weingläsern mit Henkeln trinke.

Seit einiger Zeit bestehe ich diese Prüfung mit Auszeichnung, schließlich wohne ich seit 20 Jahren in Stuttgart. Ich kehre den Hof vor meinem Haus, obwohl wir keine Nachbarn haben, die sich über Blätter oder Staubkörner aufregen könnten, ich schaffe Tag und Nacht, schreibe ein Buch nach dem anderen und besuche im protestantisch-pietistischen Schwaben eine katholische Kirche nur inkognito.

So hat das Leben in Stuttgart mich mit der Zeit in einen Halb-Schwaben verwandelt, der sich dabei ertappt, am Telefon auf eine Frage „ha noi" zu antworten. Dann lächle ich vor mich hin und denke daran, dass der schwäbische Dichter Thaddäus Troll das „ha noi" als „konzilianten Puffer" zwischen Frage und Antwort bezeichnet hat.

Der Schwabe, so habe ich inzwischen begriffen, fühlt sich durch direkte Fragen gedrängt. Er antwortet nicht Hals über Kopf, sondern nimmt sich Zeit. „Ha noi" – das meint soviel wie: gemach oder lass uns darüber einmal in aller Gelassenheit sinnieren.

Ich lehne mich also zurück und beginne, Schwäbisch zu grübeln. Das Leben will durchdacht, Vor- und Nachteile einer Sache wollen abgewogen und alle Umstände schließlich fein abgeschmeckt sein – erst dann werde ich mich zu einer Antwort bequemen.

Als Schwabe gehe ich streng analytisch vor, zerlege und durchdringe eine Angelegenheit, gehe ihr auf den Grund. Solche Gründlichkeit hat die Schwaben zu Tüftlern und Forschern, zu Philosophen und in die Miniatur vernarrten Dichtern gemacht. Wenn ich mit dem Fahrrad unterwegs bin, erteilen sie gute Ratschläge, wie ich die verdreckten Speichen säubern kann. Wenn ich durch den Wald jogge, treten sie hinter einem Baum hervor und rufen mir ein verschämtes „Gelobt sei Jesus Christus" hinterher, und wenn ich im Karneval daran denke, meine rheinische Heimat aufzusuchen, belehren sie mich, dass die schwäbisch-alemannische Fasnet etwas weitaus Tiefgründigeres darstellt als das vom so genannten rheinischen Frohsinn verdorbene Feiern am Rhein.

Hemmungslosem und offen zur Schau gestelltem Frohsinn begegnet der Schwabe mit großem Misstrauen. Was andererseits aber nicht bedeutet, dass er selbst nicht zum Frohsinn fähig wäre. Statt ihn zu zeigen, arbeitet er sich jedoch Schritt für Schritt zu ihm vor. Sein Lächeln ist ein Lächeln nach innen, ein heimliches, wortloses Sich-Vergnügen oder Behagen. Diese Vorsicht und Scheu macht die Schwaben sympathisch. Sie schreien ihr Glück eben nicht lauthals heraus, sondern hegen und pflegen es, polieren und betrachten es mit leicht glasigen Augen.

So kämen sie nie auf den Gedanken, mit ihren in harter Arbeit erworbenen Gütern aufzutrumpfen. In Stuttgart wird der durch schwäbischen Fleiß erworbene Reichtum gehortet, fällt aber nicht weiter auf. Denn wie in keiner anderen deutschen Stadt versteht man hier die Kunst, sich unauffällig bescheiden zu geben.

Auch den reichhaltigen Genuss von Speis und Trank verkneift sich der Schwabe zu Hause. Stattdessen lädt er seine Geschäftspartner aus dem In- und Ausland in die Edel-Restaurants ein, die es auch und gerade in Stuttgart längst gibt. Um sich treu zu bleiben, bestellt er dort dann doch wieder Flädlesuppe oder Maultaschen.

So beweist er seine Anhänglichkeit an die Heimat, die er nur aufgibt,

www.d-connection.de
Wunden heilen,
Tränen trocknen!
Tobias ist wieder gesund. Noch vor wenigen Jahren wäre seine Operation nicht möglich gewesen. Ärztliche Kunst und modernste Technologien haben ihm geholfen.
Aesculap als Schrittmacher der Medizintechnik entwickelt seit mehr als 100 Jahren chirurgische Instrumente und zukunftsweisende Technologien für die Medizin – und für Tobias.
Aesculap. All it takes to operate.
AESCULAP®
AESCULAP AG & CO. KG
Am Aesculap-Platz
78532 Tuttlingen/Germany
Telefon (0 74 61) 95-0
Telefax (0 74 61) 95-26 00
www.aesculap.de
B|BRAUN
I-162 d

wenn er sich doch einmal der Lust hingeben will. Dazu begibt er sich heimlich in all die Genussregionen, die an das schwäbische Kernland angrenzen und mit ihm zusammen das Bundesland Baden-Württemberg ausmachen. Im Norden leben die Franken, im Westen die Badener und Kurpfälzer und im Süden die Alemannen, nur der bayrische Osten erscheint seit jeher wie feindliches Ausland.

So gesehen ist Baden-Württemberg eine fast ideale Kultur-Idee: in der Mitte die fleißigen, von allen Seiten umzingelten Schwaben und ringsum weite, offenere Gegenden, in denen der Schwabe sich von seinem Schwabentum erholen und seinen Geist auffrischen kann.

In den Genussregionen gibt es nämlich die besten Restaurants Deutschlands, Weingläser ohne Henkel und fröhliche Katholiken mit ganz anderer Lebensart. Den Franken zum Beispiel sagte Theodor Heuß, selbst Schwabe, nach, dass sie die Dinge der Welt weniger schwer wiegen als die Schwaben und eher der Maxime „Leben und leben lassen" verpflichtet seien. Im Ganzen seien sie unproblematischer als die Schwaben und eher auf Ausgleich bedacht.

Noch weltoffener als die fränkische ist die badische Lebensart, die sich vor allem durch die Nähe zum Rhein und damit zu Frankreich Weltläufigkeit bewahrt hat. Baden grenzt aber nicht nur ans Elsaß, sondern auch an die Schweiz, und diese doppelte Grenzlage hat dafür gesorgt, dass man sich mit den Nachbarn nicht nur arrangierte, sondern auf gute Verbindungen bedacht war. Daher widmen sie sich ihren zahlreichen Gästen mit besonderer Aufmerksamkeit. In Heidelberg, Freiburg oder am Bodensee wird diese Gastfreundlichkeit noch durch ein fast südländisches Klima gefördert.

Wer an einem warmen Maitag auf dem Freiburger Münsterplatz sitzt und ein Glas Markgräfler Wein trinkt, denkt an südfranzösische Plätze, und wer sich dann weiter an die Ufer des Bodensees begibt, spürt die oberitalienischen Seen manchmal schon ganz nahe. Bruno Epple, ein Maler und Dichter dieser Region, hat in einem seiner Gedichte am Bodensee sogar schon die Ägäis erahnt: „ame Sepdemberdaag/ wenns Blau vom Himmel au/ s Blau vum See ischt/ wo silbrig ufhällt im Oschte/ do honi d Ägäis vor Auge ..."

Epples Bodenseeverse sprechen alemannisch und damit eine Sprache, die noch älter ist als das Schwäbische. Das Alemannische ist die Gemeinschaftssprache der Elsässer, Schweizer und Südbadener, die damit noch heute die Herrschaft des Hochdeutschen oder Französischen unterlaufen.

So besingt der Alemanne den „Duft vum Salbei/ vu Minz und Melisse", wobei die tiefen sonoren Vokale gut passen zu einer Landschaft, die wie ein verschwenderischer Garten erscheint. Spargel und Erdbeeren gibt es hier früher als anderswo, die Badener sind von der Natur so verwöhnt, dass sie gar nicht anders können, als sich über die schöne Umgebung zu freuen.

Das Glück der Bevorzugung hat sie gesprächig gemacht. Weniger mundfaul und bedächtig als die Schwaben halten sie mit den Vorzügen ihrer Region nicht zurück, vor allem die Kurpfälzer werden bei guter Laune geradezu redselig. Hier hat die Sprache nichts mehr vom hinhaltenden schwäbischen „ha noi" oder vom alemannischen Tiefklang. Hier wird geschwätzt, wie einem der Schnabel gewachsen ist. Auch Gestik und Mimik spielen eine bedeutende theatralische Rolle.

Beschränkt sich der Schwabe beim Reden in der Handhabung kleiner Zeichen aufs Äußerste und muss manches Mal höchstens das Zucken der Augenbrauen genügen, so verteilt der Kurpfälzer seine Rede auf mehrere Rollen und spielt sie auch noch gleich selbst. In seinem Innern schlummert nämlich ein multipler Charakter, der fähig ist, das Leben aus mehreren Perspektiven gleichzeitig zu betrachten.

Solche Vielfalt in einer Person hat etwas Verlockendes, Schillerndes, das sich in Heidelberg das ideale Ambiente für seine Verführungskünste entworfen hat. Das Schloss in der Höhe, das enge und doch zum Offenen hin geweitete Tal, die Brücke über den Fluss, die kleinen Wege und Pfade, die die Hügel zu beiden Seiten des Flusses durchziehen – all das ist voller Atmosphären, als wartete jeder Winkel darauf, gemalt zu werden. In Heidelberg hat jedes Haus aber auch etwas Geselliges, Umschwärmtes. Vor Jahrhunderten haben diese Dichter die Stadt verhext und verzaubert, so ist Heidelberg eine Märchen-, Dichter- und Philosophenstadt geworden. Statt ins gesellige und verzauberte Heidelberg zieht sich der Schwabe zum Philosophieren nach Tübingen zurück, denn das schwäbische Philosophieren in der Nachfolge Hegels ist ein anderes als das Heidelbergische, das noch etwas vom Dichten und Singen hat. Der schwäbische Philosoph umkreist die Melancholie, igelt sich ein in seine Philosophierstube und zerdenkt sein Innenleben so lange, bis er sich selber unheimlich vorkommt. Erst wenn es ihm dann zu viel wird, verlässt er die schwäbische Enge und bricht in den oberschwäbischen Süden auf, also dorthin, wo die Landschaft lieblich und menschenleer erscheint, als hätte Gott sie gerade erschaffen. Auch die Oberschwaben sind stolz auf ihre Philosophen, schließlich sind sie mit den Schwaben eng verwandt, nur dass sie schon durch ihre katholische Kultur etwas Barockeres haben.

Der wortgewaltige Abraham a Sancta Clara war ein solch barocker Geist, und der Philosoph Martin Heidegger vereinigte in seinem Philosophieren den oberschwäbisch-alemannischen Tiefklang mit einer gewissen Schwarzwälder Bauernschläue. So umgeben all diese lebendigen, lebenslustigen Kulturen wie ein in vielerlei Farben schillernder Kreis das schwäbische Kernland und lockern die schwäbische Beharrlichkeit, die doch nach allen Seiten hin ausstrahlt und sich auch in dem wiederfindet, was hier, der besseren Übersichtlichkeit wegen, von ihm getrennt wurde.

Manchmal träume ich daher nicht nur von den Schwaben. Sie kommen mir zwar auf dem Stuttgarter Schlossplatz noch in Scharen entgegen, doch springen ihnen die Franken, Badener, Kurpfälzer, Oberschwaben und Alemannen entgegen, um mit ihnen zu tanzen. „Ha noi" wollen die Schwaben noch sagen, aber dann fügen sie sich in ihr baden-württembergisches Los.

Hanns-Josef Ortheil, *Jahrgang 1951, lebt als Schriftsteller in Stuttgart. Er debütierte 1979 mit dem Roman „Fermer", für den er den Aspekte-Literaturpreis erhielt. Im Jahr 2000 bekam Ortheil für sein Gesamtwerk den Brandenburgischen Literaturpreis. 2001 erschien „Lo und Lu. Roman eines Vaters".*

Streitbare Forscher und schräge Figuren

Ein Archäologe setzt seinen Ruf aufs Spiel, ein Höhlenforscher riskiert Kopf und Kragen, eine Nobelpreisträgerin zeigt Zähne – ob in Baden oder in Schwaben, in beiden Regionen wimmelt es von eigenwilligen und ingeniösen Menschen

Text: Frauke Meyer, Fotos: Norbert Enker

Er habe ein völlig unkritisches Verhältnis zum Troja-Mythos, klagen seine Gegner, die dem Tübinger Ur- und Frühgeschichtler vorwerfen, den historischen Ort an der Nordwestspitze Kleinasiens zum Schauplatz von Homers „Ilias" aufzublasen. Trotzdem gilt Manfred Korfmann als einer der weltweit führenden Archäologen, der an der Spitze von 90 Wissenschaftlern und 70 Helfern die ebenso schwierige wie beneidenswerte Aufgabe hat, in Kleinasien legendäre Funde auszugraben. Er könnte sich auf seinen Lorbeeren ausruhen, denn allein in Stuttgart besuchten fast 240 000 Menschen die Troja-Ausstellung. Dennoch wirkt er getrieben von seiner Mission, den über 3500 Jahre alten Schlüsselplatz der anatolischen Geschichte bis ins letzte Detail zu erforschen. Anders als Schliemann, der Troja mit all seinen Mythen und Schätzen für das Abendland okkupierte, fordert Korfmann, der Westen solle das anatolische Erbe als eine seiner Wurzeln begreifen.

Manfred Korfmann,

ein Archäologe auf Homers Spuren

rosalie
stellt pompöse Figuren auf die Bühne

Manchmal winden sich Besucher durch das Chaos auf der Bühne und wollen den Chef sprechen. Wenn rosalie – auf die Kleinschreibung ihres Namens legt sie Wert – vortritt und sagt: „Das bin ich", sind sie überrascht. Die soll der Boss sein? Die Bühnenbildnerin ist eine zarte kleine Person, spricht mit leiser Stimme, gleitet auf Turnschuhen und in langem Kleid durch ihr Stuttgarter Atelier. „Bei der Arbeit bin ich zäh, ein Panter", sagt sie. Bekommt sie einen Auftrag, liest sie alles, was sie über das Thema auftreiben kann. Danach beginnt sie zu zeichnen, formt erste Figuren aus Wachs, Ton, Plastik, verwandelt die Miniaturen in überlebensgroße Styropor-Gestalten. Aus Blümchen werden mannshohe Pusteblumen in Pink oder Sonnengelb. Ihre Werke sind pompös, gern knallbunt; sie liebt schrille Outfits, grelles Neonlicht und ausladende Figuren. Die Öffentlichkeit erwidert ihre Liebe: Über ein Plakat, das sie für ein Stück der Münchner Kammerspiele entworfen hat, schrieb die *Süddeutsche Zeitung*: „Das Plakat ist besser als das Stück."

Roland Mack,
ein Schausteller mit Hang zum Höheren

Vor seinem Kinderzimmerfenster standen Achterbahnen, die sein Vater gebaut hatte. Auch der Großvater hatte schon Schaustellerwagen und Karussells entworfen – logisch, dass Roland Mack das Familienunternehmen weiterführen würde. Hilfreich erwiesen sich dabei sein Studium an der TU Karlsruhe und die Praktika, darunter eines in den USA. Heute vergnügt sich in seinem Freizeitpark bei Freiburg, dem größten Deutschlands, ein Millionenpublikum. Es ist schwierig, einen Besuchstermin bei Roland Mack zu bekommen, es sei denn, man heißt Sophia Loren, Tony Marschall oder Roberto Blanco. Mit denen posiert er gern für ein Foto, zu sehen im Foyer des parkeigenen Hotels El Andaluz. Was ihm an seinem Beruf gefällt, sind das Überallsein, das Tempo, das er anschlagen muss, damit alles funktioniert, und der Glanz vieler Ehrungen. Das Bundesverdienstkreuz gehört dazu und ein Foto, auf dem ihm sein Gast Bill Clinton ein Lächeln schenkt.

Georg Salvamoser
sonnt sich vor seiner Solarfabrik

Als sich Georg Salvamoser eine Solaranlage auf sein Dach setzen wollte, entdeckte er, dass es keine standardisierten Anlagen für Häuslebauer auf dem Markt gab. Er beriet sich mit seiner Frau, kurze Zeit später verkauften sie ihr Haus und investierten ihr gesamtes Geld in eine Idee, für die sie damals alle auslachten: Solaranlagen in Fertigbaumanier. Diese Technik würde sich nie amortisieren, hieß es, doch Salvamoser, ursprünglich Werksleiter für Fertighäuser, wusste es besser – nach vier Jahren rechnete sich das Geschäft. Inzwischen herrscht er über ein Imperium im Solarmekka Freiburg, das es ohne ihn so nicht gäbe. Heute steht die Solarfabrik wie ein riesiger Zwinger aus Glas und Metall im Industriezentrum Freiburgs, Salvamoser wohnt in der Dachterrassen-Wohnung mit Blick über den Schwarzwald. Das gesamte Gebäude gewinnt seine Energie aus Solarkraft, die Salvamoser nach wie vor fasziniert: „Pufft nicht, kracht nicht, funktioniert täglich."

Michael Sladek, ein Arzt, der seine Stadt vor dem Atomstrom rettet

Nach der Reaktorkatastrophe von Tschernobyl entschied der Arzt Michael Sladek: „Atomstrom kommt mir nicht mehr ins Haus!" Gemäß der mutigen Devise „Zuerst entsteht die Idee, dann erst darf man an Geld denken," ließ er sich ein eigenes Blockheizkraftwerk in seinem Keller bauen. Da jedoch die Kraftübertragungswerke Rheinfelden kein Interesse an umweltfreundlicher Energie zeigten, gründete er mit seiner Frau eine Initiative, die sich zum Ziel setzte, das städtische Stromnetz zu kaufen. Das alternative Projekt gelang, nachdem Sladek die Bürger seines Wohnorts Schönau von den Vorteilen einer eigenen Stromversorgung überzeugt hatte. In einem Bürgerentscheid kündigten die Schönauer den Vertrag mit dem etablierten Stromanbieter und beschlossen, die Elektrizitätswerke Schönau (EWS) zu gründen, die ihre Stadt versorgen sollten. Es klappte, sie bekamen vier Millionen Mark (2,04 Millionen Euro) zusammen und bieten seitdem allen EWS-Kunden statt Atomstrom ausschließlich Energie aus alternativen Quellen wie Sonne, Wind, Wasser und Blockheizkraftwerken – und das nicht nur in Schönau, sondern bundesweit.

Die Drosophila machte sie berühmt: Christiane Nüsslein-Volhard, seit 1985 Direktorin des Max-Planck-Instituts für Entwicklungsbiologie in Tübingen, erhielt 1995 für ihre Arbeit über die Gene der Fruchtfliege den Medizin-Nobelpreis. Heute sind Zebrafische ihre Versuchstiere, in einer Reihe von Aquarien schwimmen sie zu Tausenden: weißschwarz oder blauschwarz gestreift, manche Exemplare auch mit rosafarbenem Schimmer oder gepunktet. Am liebsten würde die Wissenschaftlerin alle Tage mit ihren Fischen verbringen, aber seit sie als Koryphäe auf dem Gebiet der Genforschung gilt, ist sie im Nationalen Ethik-Rat eine gefragte Gesprächspartnerin und referiert in Seminaren und Workshops über Stammzellen und moderne Methoden der Genetik. Wichtig ist ihr, Vorurteile vieler Menschen vor den Folgen der Genforschung abzubauen: „Es wäre toll, wenn jeder mehr über Genetik wüsste", bekennt sie, damit zum Beispiel Fettleibige nicht auf ein Schlankheitsgen hoffen, das es nicht gibt. Wird ihr die Diskussion über genmanipulierte Lebensmittel zu polemisch, hält sie schon mal dagegen, unter anderem mit einem geharnischten Brief an Starkritiker Wolfram Siebeck: „Man merkt Ihren Texten an, dass Sie nicht wissen, was ein Gen ist, und deshalb auch nicht verstehen, was Gene mit Geschmack zu tun haben."

Christiane Nüsslein-Volhard,
Nobelpreisträgerin, erforscht Fische und Fliegen

Ingrid Rommel, Münsterbaumeisterin, kämpft in der Höhe mit der Zeit

Evangelisch und schwindelfrei, das sind die wichtigsten Eigenschaften, die Ingrid Rommel für ihren Beruf braucht. 1996 berief man sie als erste Frau Deutschlands ins Amt eines Baumeisters am Ulmer Münster, das der evangelischen Kirche gehört. Seitdem kümmert sich die kleine energische Frau um den Erhalt des höchsten Kirchturms der Welt. Jedes Jahr besteigen 75 000 Besucher den 161 Meter hohen Turm. Ingrid Rommel setzt dafür einen gelben Schutzhelm auf und lässt sich von einem Kran in Schwindel erregende Höhen hieven. Zentimeter für Zentimeter sucht sie dort oben die Fassade nach porösem Stein oder Rissen ab. Dass sich die gelernte Bauzeichnerin und studierte Architektin gegen 34 Mitbewerber durchsetzen konnte, verdankt sie ihren Erfahrungen, die sie im Deutschen Archäologischen Institut, am Karlsruher Institut für Baugeschichte und im türkischen Pergamon sammelte. Die Ausdauer, mit der sie das brüchige Wahrzeichen zu erhalten versucht, hat sie populär gemacht, die Ulmer reden inzwischen schon von „der Frau Rommel ihrem Münster". Es ist ein ständiger Kampf gegen die Zeit: „Wenn wir alles restauriert haben", sagt Ingrid Rommel, „können wir gleich wieder von vorn anfangen."

Alle neun Kinder studieren zu lassen, dafür reichte das Geld bei den Brooks aus Washington nicht. Doch Anthony, das zweite Kind, wollte „Electronics" studieren und in ferne Länder reisen, also ging er zum Militär. Schon bald fuhr der GI im Truppentransporter durchs Schwäbische, und abends zog er durch Stuttgarts Discos. Dort lief ihm die Frau seines Lebens über den Weg, eine echte Schwäbin. Inzwischen fühlt sich der schwarze US-Amerikaner als Schwabe, kocht Spätzle, putzt, wäscht und bügelt mit Hingabe. Da ihm das Militär fürs Privatleben zu wenig Zeit ließ, entschied er sich für einen neuen Beruf: Er wurde „Ehrenamtsberater" der Stadt Herrenberg. Jeden Abend besucht er einen der 245 Vereine und berät ehrenamtliche Helfer bei Vereinsgründungen oder Freizeitprojekten für Jugendliche. „Die Menschen hier brauchen jemanden wie mich", sagt er stolz. Einmal in der Woche denkt er allerdings nur an sich selbst und seinen Waschbrettbauch, dann absolviert er 500 Sit-ups: „Ohne Stress könnte ich nicht leben."

Anthony Brooks, Ehrenamtsberater, hilft anderen helfen

Gunther von Hagens,
Anatom, schafft Körperwelten aus Toten

„Eine gut geschnittene Leiche ist höchste anatomische Lust“, sagt Gunther von Hagens, der im Ruf steht, Leichen besser präparieren zu können als einst die Ägypter ihre Pharaonen. Er entzieht den Körpern Wasser und Fett und füllt sie mit einer Silikonmasse nach geheimer Rezeptur. Der Anatom, der sein Haus in Heidelberg nie ohne Hut verlässt, sieht sich als Mittler zwischen Kunst und Medizin. Ob in Tokio oder Mannheim – Hunderttausende bestaunten bis heute seine aufgeschnittenen Leichen in der Ausstellung „Körperwelten“; in Berlin warteten noch nachts Menschenschlangen vor der Kasse. Alle wollten den toten Mann sehen, der versonnen in die Ferne schaut und seine Haut wie einen Mantel über dem Arm trägt. Oder die Schwangere mit dem Fötus im aufgeschlitzten Bauch. Einige Besucher zeigten sich schockiert, andere bewunderten die fein geäderten Muskelstränge. Hagens selbst sagt, die Grenze des guten Geschmacks wäre erst erreicht, „wenn ich aus einem Penis einen Revolver formen würde.“ Selbst nach seinem Tod will der Professor wissenschaftlich tätig sein und seinen Körper scheibchenweise an alle anatomischen Institute der Welt verteilen lassen.

Jochen Hasenmayer, Höhlenforscher im heißen Untergrund

Die schöne Lau aus dem Märchen Eduard Mörikes empfand es als Strafe, im Blautopf zu leben. Jochen Hasenmayer dagegen sucht sein Heil in dem kleinen See bei Blaubeuren. In einem zweieinhalb Meter langen U-Boot, aus dem nur sein Blondschopf lugt, versinkt der Höhlenforscher regelmäßig im neonblau schimmernden Wasser und schwebt durch das weit verzweigte, unterirdische Höhlensystem. Denn Hasenmayer hat eine Vision: Er will beweisen, dass im Untergrund zwischen Schwäbischer Alb und Alpen heiße Quellen unerschöpfliche Mengen Warmwasser spenden. Auch wenn ihn Wissenschaftler für verrückt halten, schwört Hasenmeyer darauf, dass diese Therme ganz Deutschland mit Energie versorgen kann. Seit Jahrzehnten verfolgt er sein Ziel im Alleingang und wäre dabei 1989 fast ums Leben gekommen, als sein Höhenmesser versagte und er zu schnell auftauchte. Seit diesem Unfall sind seine Beine gelähmt. Trotzdem zieht es ihn immer wieder mit seinem U-Boot „Speleonaut“ in die Tiefe, denn es gibt für ihn nichts Befriedigenderes, als Rätsel zu lösen und Wissensgrenzen zu überschreiten.

Norbert Enker, *Jahrgang 1956 und preisgekrönter Fotograf aus Essen, freute sich über die vielen netten Menschen, die er bei seiner Reportage kennen lernte.*

Der Schwabe ist wuselig

Erwin Teufel

Gipfel schwäbischer Sparsamkeit: ein Smart-Dienstwagen des Staatsministeriums. Den zeigt auch der Ministerpräsident gern vor

MERIAN: Herr Teufel, Baden-Württemberg hat wunderbare Landschaften, mit Bayern die wenigsten Arbeitslosen und eine niedrige Rate in der Kriminalitätsstatistik. Sind Sie ein glücklicher Ministerpräsident?

TEUFEL: Ja, rundum. Ich kann mir keine schönere Aufgabe vorstellen.

Was macht Baden-Württemberg zum Musterländle?

Hier leben fleißige Menschen, Tüftler und Erfinder. Sie haben beispielsweise schon im 19. Jahrhundert in der allgemeinen Not eine starke Uhrenindustrie entwickelt und ihre Uhren auf dem Rücken bis nach Böhmen getragen. Dieses Tüftlertum ist noch heute spürbar. Ein Viertel aller deutschen Patente wird in unserem Bundesland angemeldet.

Baden-Württemberg ist stolz auf sein Bildungssystem. Ist das die Ursache für den Wohlstand des Landes?

Unsere Berufsakademien, hier erfunden, unsere Fachschulen und die Universitäten gehören im Bundesvergleich zur Spitzengruppe. Wir führen Fremdsprachen bereits in der ersten Grundschulklasse ein. In den Berufsakademien wird Nachwuchs ausgebildet, der schnell einen Arbeitsplatz findet, weil sich Konzerne und mittelständische Unternehmer um diese Leute reißen. Wir geben 41,6 Prozent des Haushalts für Bildung aus – 35,8 Prozent sind Bundesdurchschnitt – und 3,9 Prozent vom Bruttosozialprodukt für Forschung, das ist mehr als in Japan.

In der Autoindustrie und im Maschinenbau, in Branchen, in denen Baden-Württemberg stark ist, werden künftig Jobs wegfallen. Wo sollen die neuen Arbeitsplätze herkommen?

Unser Innovationsbeirat, in dem herausragende Unternehmer und Forscher sitzen, hat sechs zukunftsfähige Industrien ausgemacht: Informations- und Kommunikationstechnik, aber auch Autoindustrie und Maschinenbau. Im Bereich Unternehmens-Software sind wir mit SAP, HP und IBM weltweit Nummer zwei nach dem Silicon Valley. Dazu kommen Medientechnik, Nano-Technologie und Biotechnologie.

Stichwort Biotech: In Bayern fließen alle Investitionen nach München. Sie wollen dagegen mit Heidelberg, Freiburg, Stuttgart und Ulm gleich vier Standorte aufbauen. Laufen Sie nicht Gefahr, sich zu verzetteln?

Die Konzentration der Bayern könnten wir uns nicht leisten. Aber ich halte es für eine Stärke, dass wir überall exzellente Qualität haben. Unser Bundesland ist ein einziger riesiger Standort, in etwa 40 Minuten fahren Sie mit dem ICE von Stuttgart nach Heidelberg. Das ist nicht weiter als von San Francisco ins Silicon Valley.

Was würden Sie machen, wenn Sie einen Tag lang Deutschland regieren könnten?

Ich würde mich um die Familienpolitik kümmern. Viele Familien mit geringem Einkommen müssen an der Existenzgrenze leben, nur weil sie Kinder haben. Wenn zwei heiraten, fließen zunächst zwei Einkommen zusammen. Sobald ein Kind geboren wird, müssen sie aber oft von einem Einkommen leben. Diesem Missstand würde ich durch ein Erziehungsgehalt abhelfen.

Sie sollen ein unruhiger und unzufriedener Mensch sein. Sind Schwaben nicht eher gelassen?

Nein, Schwaben sind wuselig und selten zufrieden. Wenn man die Welt anschaut, gibt es sicher mehr zu verändern und zu verbessern als zu bewahren und zu erhalten.

Worüber können Sie sich aufregen?

Dass wir Menschen unvollkommen sind und man dies ständig spürt, nicht nur bei anderen, sondern auch bei sich selbst. Ich ärgere mich täglich über Unvollkommenheiten. Ich bin kein geduldiger Mensch, sondern eher energisch und fordere viel, auch von meinen Mitarbeitern, aber zuerst von mir selbst.

Sind Sie nachtragend?

Eigentlich nicht – obwohl ich viele nachtragende Menschen kennen gelernt habe, die wie ich bestritten, nachtragend zu sein. Was ich sagen muss, sage ich grad heraus. Aber danach ist es auch gut.

Sie werden als Pflichtmensch bezeichnet. Gibt es auch eine Kür?

und selten zufrieden

über Autobau, Biotech, akzeptablen Luxus und Lieblingsgerichte

Ich lese leidenschaftlich gern. Das ist meine Kür. Auch mal zweckfrei, jedes Jahr einen Roman, zum Beispiel Martin Walser, den ich gut kenne. Gestern waren es vier Gedichte aus der Zeit zwischen 1700 und 1740. Aber ich lese auch Sachliteratur und habe sieben oder acht Monatszeitschriften abonniert. Ich kann ja nicht Weiterbildung und lebenslanges Lernen predigen, ohne mich selbst weiterzubilden. Pflicht fasse ich dennoch nicht so weitgehend auf wie Theodor Heuss, der bei seiner Verabschiedung Kant mit dem Satz zitiert hat: „Pflicht, du erhabener großer Name."

Wie wirkt sich Ihre bäuerliche Herkunft auf das Gestalten in der Politik aus?

Durch Bodenständigkeit, Verlässlichkeit, Menschen- und Problemnähe.

Hilft der Glaube an Gott beim Regieren?

Ich glaube schon. Über die Verantwortung hinaus, die man Bürgern gegenüber hat, gibt es eine Verantwortung gegenüber dem Gewissen und vor Gott. Und wenn Sie mal im Sperrfeuer der Kritik stehen, dann bringt Glaube die Einsicht, dass ein Selbstwertgefühl nicht von der Zustimmung und dem Lob anderer abhängig ist, weil es sich aus anderen Quellen speist.

Im Schwäbischen gibt es den Spruch „Unser Geld haben wir nicht vom Ausgeben, sondern vom Behalten". Sind Sie geizig?

Ich habe ein gelassenes Verhältnis zum Geld. Natürlich werfe ich es nicht zum Fenster hinaus, aber ich raffe auch nicht und halte alles zusammen, sondern bin dort großzügig, wo ich es für richtig halte: bei der Ausbildung der eigenen Kinder, bei Urlaub oder Studienreisen. Außerdem: Meine Frau kontrolliert seit 30 Jahren unser Konto.

Gibt es für Sie akzeptablen Luxus?

Ich vergesse nicht, dass viele Menschen in Armut leben. Not lässt mich nicht ungerührt. Bei einer Reise durch Indien war ich so schockiert vom Elend der Dorfbevölkerung, dass ich zunächst nie mehr in Urlaub fahren wollte. Die Zeit hat das relativiert, aber das schlechte Gewissen ist geblieben. Mal gut essen zu gehen mit meiner Frau, auch ein Fest großzügig auszurichten für Familie und Freunde – das ist der Luxus, den ich mir leiste.

Ihr Land ist reich an guter Küche. Allein in der Gemeinde Baiersbronn gibt es sechs Feinschmecker-Lokale und mit sechs Michelin-Sternen nur einen weniger als in Berlin. Haben Sie dort im Schwarzwald schon einmal gegessen?

Ich bin in fast jedem dieser Restaurants gewesen. Nur Urlaub habe ich in Baiersbronn leider nie gemacht.

Wenn wir keine Journalisten, sondern Köche wären, was würden Sie sich wünschen?

Eine Flädlesuppe oder eine Badische Schneckensuppe, Freiburger Schäufele oder Maultaschen. Und wenn ich mein Lieblingsgericht wählen darf: Piccata milanese.

Welchen Urlaubswunsch würden Sie sich gern erfüllen?

Ich liebe spanische und italienische Städte. Wenn ich mal mehr Zeit habe, will ich Frankreich bereisen. Ich kenne die Provence, das Languedoc-Roussillon, aber Zentralfrankreich nicht. Und Lateinamerika, Australien und Neuseeland habe ich mir für den Ruhestand vorgenommen.

Können Sie sich ein Leben ohne Politik vorstellen?

Ja, mir würde es nie langweilig werden. Der Philosoph Blaise Pascal sagt, dass er sich nicht wohl fühle bei Menschen, die es nicht eine Stunde mit sich allein aushalten. Ich kann mich stundenlang allein beschäftigen. Gerade wenn man viel unter Menschen ist, braucht man, wie eine Pflanze Wasser, auch Zeit für sich.

Sind Sie ein geselliger Mensch?

Ich habe oft das Bedürfnis, an einem stabilen Holztisch in einer Weinstube zu sitzen und mich mit Leuten zu unterhalten, bei denen ich nicht jedes Wort auf die Goldwaage legen muss. Da kann ich, glaube ich, sehr wohl gesellig sein und habe auch gute Sprüche auf Lager, um andere zu unterhalten.

Zum Beispiel?

Spare in der Schweiz, so hast du in der Not.

Das Interview führten MERIAN-*Redakteur* **Wolf Thieme** *und* **Markus Grill** *vom Journalistenbüro* Zeitenspiegel.

MERIAN - INFO

Erwin Teufel, Jahrgang 1939, Bauernsohn aus Zimmern bei Rottweil, ältestes von acht Kindern, trat mit 16 in die CDU ein und wurde 1964 mit 25 Jahren im nahen Spaichingen (12 000 Einw.) Deutschlands jüngster Bürgermeister (bis 1972). Seine Frau Edeltraud hat Teufel im Kindergarten kennen gelernt. Sie haben vier Kinder. 1972 wurde Teufel im Alter von 32 Jahren CDU-Abgeordneter im baden-württembergischen Landtag und Staatssekretär in der Landesregierung. 1978 übernahm er den Vorsitz der CDU-Landtagsfraktion. Nachdem Lothar Späth wegen der so genannten „Traumschiff"-Affäre zurücktrat, wurde Teufel 1991 Ministerpräsident von Baden-Württemberg.

Stadt ohne Pathos

Text: Stefan Scheytt, Fotos: Helmut Wachter

Am Reißbrett entworfen. Schmuckstück barocker Kurfürsten und Arbeiterhochburg, ehrlich, offen, direkt. Und eine Mundart, dass die Ohren klingen. Menschen in Mannheim

Mannheim, heißt es, hat zwei Wahrzeichen: den Wasserturm, 1889 an den Altstadtrand gebaut, ein Trumm zwischen Springbrunnen und Jugendstillaternen; und Joy Fleming, Rockröhre und schwarze Stimme, die auf gut mannemerisch eine „Bauchwarz" ist, also eine kleine füllige Frau, aber unsterblich, seit sie im „Neckarbrücken-Blues" den Karl besang, der „iwwer die Brick" und in den Puff geht.

Heute lebt sie nicht mehr in der Stadt, sondern im nahen Sinsheim, im Grünen. Das Wahrzeichen ist jetzt 57, aber noch immer mit wilder Mähne und wilder Gosch. Hochdeutsch? Sie spreizt die dreifach beringten Finger mit den knallrot lackierten Nägeln: „Mannemerisch sounds gut. Ich bin die Ur-Mutter des Dialektgesangs." Und die HipHopper „Söhne Mannheims"? „Die stopp ich in' Sack. Des is doch mehr Gelabre als Gesang, babble kann ich selber. Und die religiöse Ferz von dem Naidoo, da zieht's mir die Socke aus." Am Wasserturm „die geilste Lewerwurscht der Welt" essen und das Schulterklopfen der Mannheimer entgegennehmen – das gönnt sie sich ab und an. „Mannem is' meine Stadt", sagt Joy Fleming, die Fabriken würden nicht mehr so stinken wie vor 30 Jah-

Campieren auf dem Campus: In Deutschlands größtem Barockschloss residiert heute die Universität

Duftnote an Neckar und Rhein: Auch wenn die BASF in Ludwigshafen liegt, ist sie in Mannheim immer präsent

ren, als sie die Neckarbrücke besang, „die filtrieren heut' ja alles raus."

320 000 Einwohner, zweitgrößte Stadt Baden-Württembergs, zweitgrößter Binnenhafen Deutschlands am Zusammenfluss von Rhein und Neckar, siebtgrößter deutscher Wirtschaftsraum im Drei-Länder-Eck mit Hessen und Rheinland-Pfalz, Schnittpunkt von sieben Autobahnen, ICE-Halt, gigantischer Rangierbahnhof. Klingt nach Arbeiterblues.

Weiß ja kaum noch einer, dass die Stadt einst pfälzische Residenz war und als Zentrum von Kultur und Wissenschaft gepriesen wurde. Das war unter Kurfürst Carl Theodor, einem Freund Voltaires, der es seiner kurpfälzischen Residenz an nichts fehlen ließ: Er schenkte den Mannheimern Bibliothek, Botanischen Garten und Orchester, empfing Mozart und Lessing, gründete eine Akademie der Wissenschaften und das Nationaltheater, in dem Schillers „Räuber" erstmals wüten durften. Als der Kurfürst mit Sack und Pack, Opernensemble und Schauspielern nach München zog, um sein bayerisches Erbe anzutreten, war's vorbei mit der höfischen Herrlichkeit. Kulturelle Tabula rasa.

Ein gutes Jahrhundert später eine neue Blüte, Carl Benz veranstaltet erste Auto-Testfahrten, Heinrich Lanz baut den Bulldog. Die BASF siedelt sich an, zwar jenseits des Rheins im pfälzischen Ludwigshafen („Lumpenhafen"), aber aus den Schloten der Chemiefabrik stinkt es auch in Mannheim nach faulen Eiern. Mannheim ist eine sozialdemokratische Festung aus Werkssiedlungen, denen Typen wie Sepp Herberger entwachsen: gradlinig, schnoddrig, bar jeden Pathos' und mit einer Mundart ausgestattet, die sich schlecht für Zärtlichkeiten eignet. Dann ist Krieg und Mannheim zur Hälfte ein Haufen Schutt. Zwischen Trümmern wird Joy Fleming Ende 1944 als Erna Raad geboren, und sie erzählt gerne, wie sie im Kinderwagen über eben jene Neckarbrücke geschoben wurde, die sie später besang.

Die Brücke, damals noch aus Holz, ist längst aus Beton. Und überhaupt ist Mannheim keine Arbeiter- und Industriestadt mehr, auch wenn die Arbeitslosigkeit höher ist als anderswo in Baden-Württemberg.

Nur noch ein Drittel der in Mannheim beschäftigten Menschen produzieren Maschinen und Motoren, Busse und Traktoren, Schmierstoffe, Glas oder Papier. Der große Rest sitzt in gläsernen Banken- und Versicherungspalästen vor Computern, forscht im weißen Kittel bei Pharmakonzernen wie Roche Diagnostics oder steht in Kostüm und Krawatte in einem der vielen Kaufhäuser, wie etwa dem edlen Engelhorn.

Ohne Verkrampfung gehen in der Stadt Altes und Neues, Marodes und Modernes zusammen: die Jugendstil-Bürgerhäuser in der noblen Oststadt und der Multikulti-Kiez Jungbusch mit der Yavuz-Sultan-Selim-Moschee und der Döner Drive mit Kebab-Stuben, italienischen Gemüsehändlern und türkischen Änderungsschneidern; Bausünden der siebziger Jahre und der riesige Luisenpark mit Flamingos und chinesischem Teehaus; Industrieromantik wie bei Schimanski im Hafen und die propere Flaniermeile im Zentrum, das wie ein amerikanisches Downtown in Blöcke von A 1 bis U 6 gegliedert ist, aber bereits im Barock entstand und dessen Bezeichnung mit Buchstaben-Zahlen-Kombinationen

Im milden Klima Mannheims lässt sich gut draußen sitzen. Straßencafés wie das Café Journal am Marktplatz haben sich darauf eingerichtet

Figaro als städtische Kulturgröße: Der Italiener Fausto Panetta präsentiert in seinem Friseursalon wichtige Kunst der zeitgenössischen Moderne

1733 von dem Ingenieur Johann Georg Baumgratz eingeführt wurde. Nur etwa 100 Meter liegen dort zwischen dem Institut für deutsche Sprache und dem Männer-Café des Türkspor Mannheim Futbol Kulübü. Die Stadt – ein sympathisches Sammelsurium, in dem selbst noch das Gelackte echt aussieht.

„In Mannheim sind Cliquen und Hierarchien nicht so wichtig. Hier ist man ehrlicher und kommt schneller zum Wesentlichen." Das sagt Winnie Schneider-Hahn, 54, kahl geschorene Edel-Gastronomin, seit 18 Jahren in der Stadt, in der sie als Bühnenbildnerin am Nationaltheater anfing. „Man geht hier selbstverständlich im Jogginganzug auf die Straße" – wenn's sein muss, auch ins Alchimia, das früher ein Tante-Emma-Laden war, und lässt sich von der autodidaktischen Köchin Entenleber auf Apfellauch oder Charolaisfilet auf Portwein-Sabayon servieren.

Wie durchlässig Mannheim ist, zeigt auch Fausto Panetta, ein kleiner älterer Herr mit goldener Brille, scharfen Bügelfalten und der neuesten E-Klasse vor dem Haus. Vor 40 Jahren stand der Italiener noch am Mannheimer Hauptbahnhof, todtraurig, weil er kein Wort mannemerisch verstand. Aber Panetta frisierte sich bald schon in die High Society, erörterte mit dem Oberbürgermeister beim Haareschneiden Kommunalpolitik und richtete Willy Brandt und Maria Callas den Kopf.

1985 erweiterte er seinen Salon um eine Galerie und hat seither mehr als 100 Ausstellungen zeitgenössischer Maler und Bildhauer von Baselitz bis Lüpertz präsentiert. Jetzt ist er 70, frisiert noch und stellt auch noch aus, mittlerweile im Stadtteil Rheinau, und wenn er Galerie-Jubiläum feiert, eilen gleich drei Kulturbürgermeister herbei, der amtierende und seine beiden Vorgänger. Panettas Frau Gaby, eine echte Mannheimerin, verblasst trotz rosafarbener Strickjacke neben ihrem Mann, wenn er seine Liebe zur Kunst zelebriert: „Parsifal im Nationaltheater, das ist doch wie ein anderes Leben, ich mache die Augen zu und genieße. Ach!" Natürlich hat der Mann aus Kalabrien ein Abonnement, wie es sich gehört.

Bei den Heimspielen der Mannheimer „Adler" im Eisstadion am Friedrichspark sitzt regelmäßig einer der reichsten Männer Deutschlands zwischen 4500 johlenden Eishockey-Fans. Die „Adler" sind der FC Bayern der Liga, vier Titel in fünf Jahren, der prominente Zuschauer ist Dietmar Hopp, Gründer von Europas größter Softwarefirma SAP im nahen Walldorf. Keine Frage, dass Hopp gern Golf in St. Leon-Roth spielt. Aber genauso

genießt er die Atmosphäre, „wenn die Eishockey-Fans zwei Stunden lang singen und schreien“.

Vor ein paar Jahren hat Hopp seinem Sohn zuliebe den konkursreifen Klub als Hauptgesellschafter übernommen und die „Adler“ seither mit vielen Millionen zu Überfliegern gemacht. Jetzt will er sogar noch einen Batzen drauflegen: Damit „die größte Party Nordbadens“ bald mit 12000 Zuschauern steigen kann, finanziert Hopp als privater Investor eine neue Superhalle für 130 Millionen Mark, dazu eine zweite Eisfläche für den Breitensport mit weiteren 20 Millionen aus seiner Stiftung. „Ich freue mich“, sagt völlig undramatisch der Sponsor Dietmar Hopp, „dass ich die Stadt auf diese Weise unterstützen kann.“

Wie viele andere Reiche findet auch der Unternehmer Curt Engelhorn, Urenkel des BASF-Gründers, dass seine Stadt Unterstützung verdient. Er schenkte dem Reiss-Museum für Kunst-, Stadt- und Theatergeschichte 40 Millionen Mark, zum Dank wurde es in Reiss-Engelhorn-Museum umgetauft. In der Universität werden Mannheimer Mäzene reihenweise als Hörsaal-Stifter genannt und partizipieren so vom elitären Selbstbewusstsein der Hochschule.

Das verkörpert keiner besser als Christian Homburg, 39, Professor für Betriebswirtschaft und Marketing. Auf seiner schwarzen Ledercouch zählt der Hüne im dunkelblauen Business-Anzug lässig die Essentials der Universität auf: kein Massenbetrieb, ein Campus im größten deutschen Barockschloss, reformfreudig, leistungsorientiert und marktnah. Homburgs Fakultät ist nicht nur eine der größten Deutschlands, sondern gehört mit Harvard und Berkeley auch zum kleinen Kreis der Business Schools. „Wir sind Weltklasse, dafür stehen wir jeden Morgen auf“, sagt Homburg, und sein Blick fragt: Kann man mehr wollen? Vielleicht das Flair einer Weltstadt wie Berlin, Hamburg oder München? „Nein“, widerspricht der Professor, „Mannheim wird einfach unterschätzt.“

Stefan Scheytt, *Jahrgang 1962, Reporter aus dem schwäbischen Weinstadt, hatte Mannheim immer nur als ICE-Halt auf dem Weg nach Stuttgart wahrgenommen. Seit seinen Recherchen hat sich das grundlegend geändert.*
Helmut Wachter *lebt als freier Fotograf in Zürich. Der ehemalige Architekt war überrascht von den liebenswerten Seiten der als Industriezentrum bekannten Stadt.*

Mannheim entstand am Reißbrett. Geblieben ist der Rasterstadtplan mit Buchstaben und Zahlen anstelle von Straßennamen

Vor dem Kollegiengebäude der Freiburger Uni: Flirt und Freizeit gehören zum Studium, doch wer die Regelstudienzeit um mehr als vier Semester überzieht, muss zahlen

Elite mit Begrüßungskaffee

Nirgendwo in Deutschland finden Studenten ein so vielseitiges Angebot: von Philosophie bis Life Sciences

Auf fünfzig Baden-Württemberger kommt ein Student. Kein Wunder bei dem Angebot an Studienfächern, das von Kirchenmusik über Spionageabwehr bis Weinbetriebswirtschaft reicht. Ein so enges und vielseitiges Hochschulnetz hat kein anderes Bundesland. Doch wer hier studieren will, sollte sich an das Wort „Semeschterzahl" gewöhnen. Denn wer die Regelstudienzeit um mehr als vier Semester überzieht, muss 1000 Mark Studiengebühr pro Semester zahlen.

Dass die Bestimmungen für Studierende in Baden-Württemberg strenger sind als in vielen anderen Bundesländern, hat dem Land oft den Vorwurf eingebracht, Elitebildung zu betreiben. Solche Kritik prallt am Wissenschaftsministerium ab, das auf die Uni-Rankings verweist: In den meisten Tests belegt Baden-Württemberg in Lehre und Forschung Spitzenplätze.

Neun Universitäten hat das Land, darunter drei von Weltruhm: Heidelberg, Tübingen und Freiburg, wo Jura, Medizin und Philosophie seit Jahrhunderten zu Hause sind. Neuerdings bieten die Traditions-Unis auch Zukunftsfächer wie Life Sciences an – ganz im Sinn der baden-württembergischen Politiker, die die Modernisierung der Bildungsanstalten energisch vorantreiben.

Auch bei Hochschulen mit Schwerpunkt auf modernen Technologien und angewandten Wissenschaften liegt das Land vorn: Karlsruhe gilt als eine der besten deutschen Universitäten für Informatik, Stuttgart kooperiert beispielhaft mit der Wirtschaft. Bildung und Forschung gelten als Standortfaktor in Baden-Württemberg – wohl auch ein Grund, warum sich zwei private internationale Universitäten hier angesiedelt haben: die International University in Bruchsal und das Stuttgart Institute of Management and Technology.

Neben den Universitäten gibt es mehr als 60 Fachhochschulen und Akademien. Die Filmakademie in Ludwigsburg gehört dazu, ebenso die private Hochschule für Jüdische Studien in Heidelberg. Praxisorientierte Alternative für Abiturienten sind die acht Berufsakademien mit Diplomstudiengängen in Wirtschaft, Technik oder Sozialwesen. Sie verknüpfen die wissenschaftliche Ausbildung mit dem Lernen in der Arbeitswelt. Weshalb die Absolventen oft klarere Berufsvorstellungen haben als ihre Fachkollegen von der Uni.

Damit sich Studenten schnell heimisch fühlen, lassen sich die Universitäten einiges einfallen. Heidelberg bietet ausländischen Studenten ein Servicepaket zum Start, inklusive Leih-Computer und Fahrrad. Erstsemester dürfen in Freiburg zum „Begrüßungskaffee" des Rektors ihre Eltern, sogar auch die Oma und den Hund mitbringen.

Wer bei der Angebotsvielfalt nicht weiß, was er denn nun studieren soll, kann auch erstmal üben. Das Tübinger Leibniz-Kolleg bietet eine zehnmonatige Studienorientierung an. Für Leute, die das Studieren gar nicht lassen können, gibt es das „Europäische Studienkolleg für nachberufliche wissenschaftliche Weiterbildung" im südbadischen Holzen bei Kandern – Deutschlands einzige Senioren-Universität.

Annette Goebel

Massive Töne

Deutschlands Mekka der Rapper heißt Stuttgart.
ist das Getto, gegen das die Jugend rebelliert: mit

Text: Christian Litz, Fotos: Andri Pol

Geprägt von einer friedlichen Stadt. Oberhalb des Stuttgarter Kessels, in Heslach, haben die Brüder Ali und Basti Schwarz ihr Studio. Die beiden sind die DJ-Gruppe „Tiefschwarz" – präsent mit rund 30 Auftritten im Monat beim Fernsehsender MTV und auf Video

aus Stuggitown

Und der bürgerlich schwäbische Mittelstand
Spaß und sehr erfolgreich

Plattenjunkies, die an der Nadel hängen. Einmal pro Woche spielen DJs wie „Friction" von der Band „Freundeskreis" im „Club 0711", benannt nach der Stuttgarter Telefonvorwahl

HipHop von nationaler Größe

Nachts trifft sich die Szene unter Tage. „Club 0711" ist ein eigener Veranstalter im „Club Prag" – untergebracht in einem Bunker, in dem sich freitags ab 22 Uhr die Stadt- und inzwischen auch die Landjugend amüsiert

Zu Beginn ein Haufen Aufmüpfiger

Partyrevolte ist zum Geschäft geworden. Strachi kann zwar nicht rappen, ist aber der Tycoon der Szene. Von seinem Büro aus dirigiert er „Kopfnicker Records“ und managt Gruppen wie „Die Fantastischen Vier“ und „Massive Töne“

Streetboys im Musterländle. Breakdance, der von schwarzen Kids in New York kreierte Straßentanz, gehört zum Stuttgarter Konzert- und Discoprogramm. Die „Aktiven Artisten“ zählen zu den Stars und trainieren in einer Schulhalle

Vor langer Zeit – es gab noch keine Handys, und Musik hörte man von der Schallplatte – vor ewig langer Zeit also, 1989, sagte der gockeleitle Lokalchef der *Stuttgarter Zeitung* zu einem Mitarbeiter, den er strafen wollte, weil der eine schickere Krawatte trug: Gehn Sie heut' nachmittag ins Jugendhaus Mitte! Da sollen Schwaben rappen. Wenn die auch breakdancen, also sich auf dem Boden kugeln, dann geht auch ein Fotograf hin, sonst nicht. Schauen Sie sich das mal an!

Ich sah es mir an. Im Jugendhaus gastierte ein schwarzer Sozialarbeiter aus San Francisco, der mit einigen Gettojungs nach Stuttgart gekommen war, damit die daheim im Slum nichts anstellten. Der Stadtjugendring Stuttgart, so ein „Helft-den-jungen-Leuten-ins-Leben"-Verein, hatte die Horde eingeladen, sich mit der „Kolchose" zu treffen. „Kolchose", das ist der Mutterboden der heutigen Stuttgarter HipHop-Szene, ein loser Zusammenschluss von Plattenlegern – pickelige Buben, die sich im Jugendhaus Mitte tummelten und keine Mainstreammusik mochten.

Zuerst rappten an dem Nachmittag die Jungs aus Frisco. Na ja, war nett, authentisch und sah ein bisschen gefährlich aus. Doch, hatte was. Dann die „Kolchose". Oh Gott, wie lächerlich, dachte ich. Weiße Mittelstandskids aus Stuttgart versuchten sich an wilder Musik. Rebellen-Attitüde im Musterländle. Keine zerbeulten Fässer mit Feuer drin, aber Musik dazu, auf germanisch. Peinlich. Müssen die Deutschen jeden Amischeiß nachmachen? Diese Streetboy-Attitüde, völlig absurd, so aufgesetzt und mit schwäbischem Akzent. Was sollen die Jungs aus San Francisco über Stuttgart denken? Hätte man denen nicht besser das Mercedes-Museum zeigen sollen?

Immer wieder hörte ich in der Folge von der „Kolchose", vom „Red Dog", vom „On-U", vom „Seekneiple" und vom „Wildparkstüble", das waren die Treffs der neuen Szene, wo sie hippten und hoppten. Drei Jahre später lief im Autoradio innerhalb einer halben Stunde dreimal „Die da" von den „Fantastischen Vier". Da war was im Kommen. Aus Stuttgart. Spießertown. Unvorstellbar. Was war los in dieser Stadt? Dazu sollte man wissen, Stuttgart ist besser als sein Ruf, aber nur weil sein Ruf so schlecht ist. Später hat mir Ali, eine Szene-Legende, erklärt: „Unter dem Deckmantel der schwäbischen Beschaulichkeit hat's gebrodelt."

Als „Die Fantastischen Vier", kurz „Fantas" genannt, erstmals auf *MTV* interviewt wurden, sagten sie ohne Scham: „We are from the Mittelstand". Wenn Gettokids in Amerika rappten, war das Rebellion. Wenn sich Vorstadtbuben aus Filderstadt, Gerlingen oder Leonberg ranmachten, war das – was? „Unsere Rebellion war Spaß", sagte Smudo, einer von den „Fantas", später mal. Zerbeulte Fässer mit Feuer drin waren da nicht nötig, HipHop aus Stuggitown ist was eigenes.

Gut, die „Fantas" waren nie Avantgarde, aber sie waren der Eisbrecher, der für die Musik den Weg frei machte. Sie sorgten für Masse und zogen die „Massiven Töne" nach, „Afrob", der es wagt, dem Mittelstand Sozialkritik unterzurappen, den „Freundeskreis"– alle aus dem „Schoß der Kolchose", so ein Rap. Alles Acts, die heute viele CDs verkaufen und schrägerweise für Jugendliche aus

Subkultur mit Konzernzentrale und Assistentin. Das „Medienhaus Heslach" residiert in einem Bürgerhaus und vereint unter seinem Dach Multimediafirmen, Konzertveranstalter und ein Trend-Café

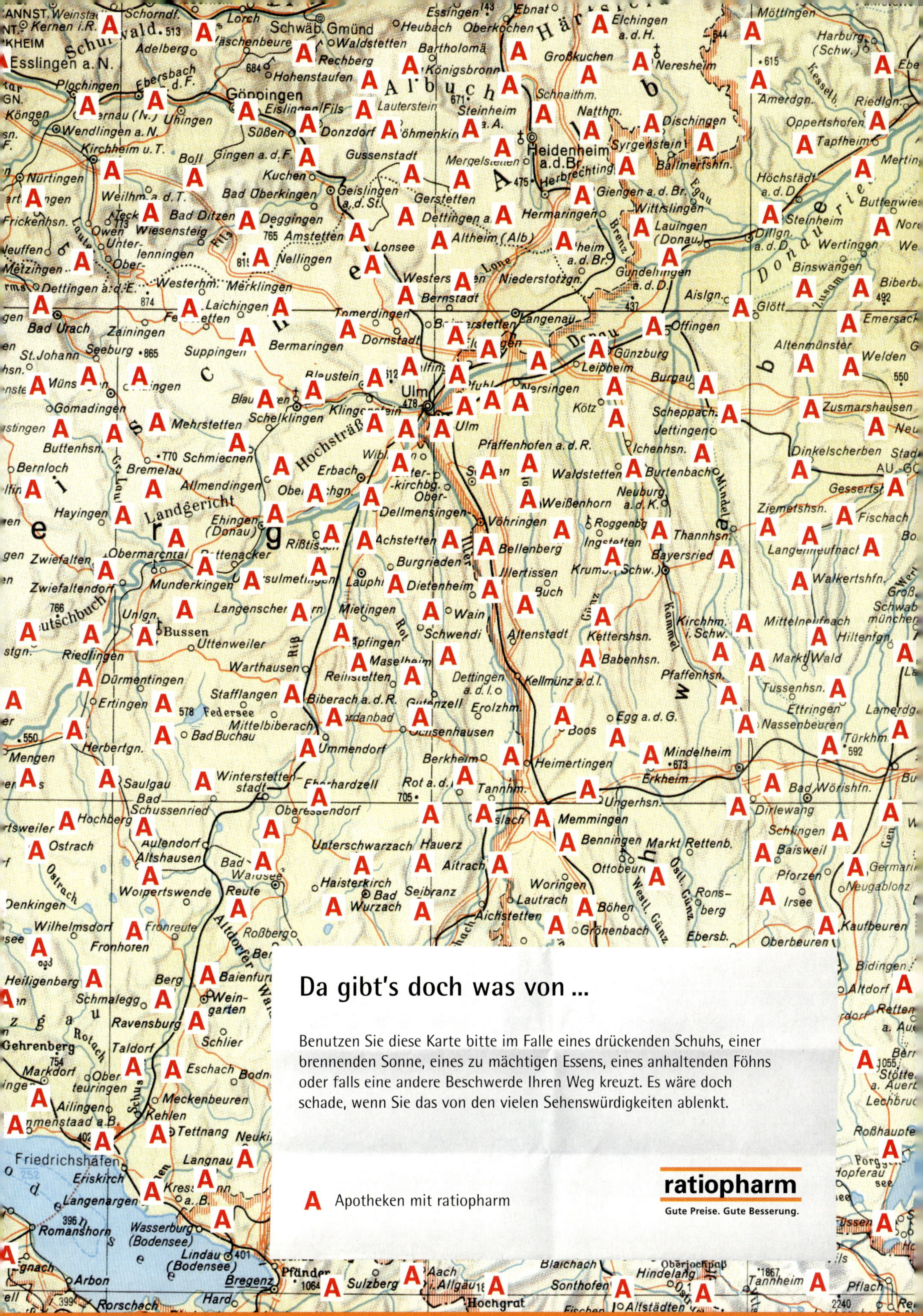

Die Stadt stellt das Trainingslager. Seit gut zehn Jahren bietet das Jugendhaus Mitte Auftrittsräume: Hier üben die Lokalmatadoren, die Band „Reimstoff"

ganz Deutschland vor allem über das Leben in Stuttgart rappen.

Beim „Freundeskreis" hört sich das so an: „Das ist für die Heads, die Raps aus ‚0711' lieben". 0711 – Stuttgarts Vorwahl. Oder bei den „Massiven Tönen": „Willkommen in der Mutterstadt, der Motorstadt am Neckar, Mekka der Rapper, zu viele meckern, ich hass den Banker, der beim Keplerstraßenchecker ein Päckchen Gras sucht, abends gediegen in ‚Paul's Boutique' groovt und erzählt, dass er seine Stadt eigentlich gar nicht mag."

Und der Refrain erklärt noch mal, warum Stuggitown zum Rapper-Mekka wurde: „Eins für den Rap, zwei für die Bewegung, von klein auf geprägt durch die Umgebung, es ist nicht wo du bist, es ist, was du machst, herzlich willkommen in der Mutterstadt." So konnten sie sich trösten: Es stört nicht, dass du aus Stuttgart kommst, du kannst trotzdem was draus machen.

Strachi, 27, ist der Szene-Mogul, managt erfolgreich „Kopfnicker Records", den „Club 0711", eine Booking-Agentur und noch eine Geld spuckende Firma, die in Griechenland T-Shirts, Käppis und Hosen nähen lässt, sie via Internet verkauft, mit Schriftzügen drauf wie „Massive Töne", „Stuggitown", „0711" oder „Afrob". Strachi und sein Teilhaber, der „Massive Töne"-Rapper Schowi, haben sich im Studiengang Betriebswirtschaft an der Uni Hohenheim kennen gelernt. Strachi sagt: „HipHop ist sehr spontan, lyrisch, moderne Dichtkunst, unzensiert. Du musst so rappen, wie du redest, sonst ist es nicht ehrlich. Wir sind normale Mittelstand-Kiddies, man, ich bin froh, dass ich nicht im Getto aufgewachsen bin." HipHop aus Stuttgart, was Eigenes, Echtes, leicht hippiehaft, sehr friedlich, putzig.

Strachi druckst rum: Die „Fantas" seien aus Stuttgart rausgedizzt worden, also rausgeekelt, weil sie nicht authentisch waren. Sie waren sich nicht zu schade, in Dieter Thomas Hecks Fernsehshow „Musik liegt in der Luft" aufzutreten. „Die wurden vom Mainstream gehört, von Leuten, die auch Modern Talking hörten." Die extrem erfolgreichen „Fantas" passten nicht. Waren nichts für den wahren jungen Mittelständler.

Ali Schwarz, 34, erklärt dieses Stuttgarter Flair. Er und sein Bruder Basti sind die DJ-Gruppe „Tiefschwarz", sind bei „Four Music" unter Vertrag, dem „Fanta-Vier"-Label, wo sich eine Veränderung andeutet, hin zu Dance und House, weniger Reime, weniger Lokalpatriotismus. „Tiefschwarz", echte Stuttgarter, kommen aus der Clubszene und aus dem Mittelstand. Papi Versicherungsvertreter, Mami Erzieherin und eine Jugend in spießigschwäbischer Umgebung – die Kehrwoche ist echt, kein Mythos, das ist real. Ali: „Musik hatte immer eine Faszination für mich, wir haben damals unsere Abende zelebriert, das waren ironische Freakshows, die Musik war das Tor zur Subkultur, die einzig wirkliche Alternative." Also eröffnete er das „On-U", den legendären Club, dessen Ruf Anfang der neunziger Jahre deutschlandweit hallte. Da probten die „Fantas", da starteten Karrieren, zum Beispiel die von Rainer Trüby. Der ist heute ein ganz großer Plattenleger.

Man war eine kleine, große Familie, eine Partyrevolution, die zeigte, dass man kommerziell auch ohne Mainstream erfolgreich sein kann. Viele kleine Firmen, die Websites gestalteten, Skateboards verkauften, Musiksoftware bastelten, Internet-Radio machten, dazu Studios wie „Benztown Productions" – da ist einiges entstanden, alles irgendwie in Verbindung, alles sehr harmonisch, jeder irgendwie hintenrum mit jedem. In knapp zehn Jahren gewachsen, im Schatten, lange nicht richtig wahrgenommen. Ali: „Diese Stadt ist kleiner und spießiger als Berlin oder München, in Stuttgart war sowas wichtiger als dort. Man braucht einfach ein verschlafenes Umfeld, um subversiv zu sein."

Ich kann mich noch an einen Wochenenddienst erinnern, der Lokalchef war ohne Krawatte da und schüttelte besorgt den Kopf, als die Polizeimeldung kam: Im Heslacher Tunnel, einer Riesenbaustelle, habe es Freitag Nacht eine illegale Party gegeben, 1000 Leute, Alkohol, laute Musik, vielleicht gar Drogen, angekündigt nur mit Flyern. Er war entsetzt. Und mir war klar, da ist was Spannendes an mir vorbeigegangen. „Na ja, den einen touched es, den anderen nicht", sagt Ali, „wir haben es gerochen."

Was riecht er gerade? „Sättigung, die Leute sind nicht mehr so entspannt. Vieles ist etabliert, alles ist kommerzieller geworden, heute ist jeder Underground gleichzeitig chartfähig. Du kannst alles mischen. HipHop ist inzwischen uniformiert. Und die Leute gehen früher heim, weil sie am nächsten Tag arbeiten müssen."

Christian Litz, *Jahrgang 1963, hat sich stapelweise Stuttgarter HipHop-Musik nach Hamburg mitgebracht.*
Andri Pol, *Jahrgang 1961, beeindruckte das Engagement der Stadt für die Szene.*
▶ *Tipp siehe ab S. 128*

Foto: Ferruccio Carassale

Das Geheimnis von Weissach

Die Zukunft liegt hinter verschlossenen Türen. Im Porsche-Entwicklungszentrum entstehen die Sportwagen von morgen

Text: Emanuel Eckardt

In der Halle für den Prototypenbau in Weissach werden Porsches von Hand montiert

Was macht ein Rollstuhlfahrer in Porsches Windkanal? Einer wie Wolfgang Petersen bringt sein Gefährt auf Touren, erlebt bei Tempo 80 Luftwiderstand als messbaren Wert, lernt, seine Haltung zu optimieren. Im Windkanal des Porsche-Entwicklungszentrums in Weissach bereiten sich Sportler auf die Paralympics vor, die Behinderten-Olympiade, wo Petersen als Leichtathlet der deutschen Nationalmannschaft an den Start geht. Im Windkanal zittern Zelte von Jack Wolfskin im Sturm, suchen Radrennfahrer die optimale Sitzposition, bläst der Orkan, von 2,6 Megawatt entfesselt, über geheime Zukunftsentwürfe des Automobilbaus.

In Weissach entstand der Motor für die neue Harley Davidson, V-ROD, zum Schrecken aller Fundamentalisten des ruppigen Blubbersounds nun wassergekühlt und deutlich leiser. Triebköpfe des ICE wurden gegen Seitenwind gefeit, andere Kunden, die nicht genannt sein wollen, ließen hier Autos komplett entwickeln.

In sanft geschwungene Hügel gebettet, von weitem eher beschaulicher Luftkurort als Hightech-Ensemble, liegt Porsches Silicon Valley: der Sechskant, in dem 500 Konstrukteure tüfteln, die nüchternen Container, in denen die Schwingungstechniker und Akustiker sitzen, der „Opel-Bau", in dem der Zafira entwickelt wurde, daneben das Crash-Zentrum, der Windkanal und die große Werkhalle für den Prototypenbau. Zum Bild dieser schwäbischen Musterlandschaft gehören Teststrecken mit Rundkurs, ein versteckter Geländeparcours und eine 800 Meter lange Gerade.

Sie reicht nur bis zu einer Höchstgeschwindigkeit von 230 km/h. Dann kommt die Kurve. Einer ist mal herausgeflogen und auf dem Dach des Mineralöllagers gelandet, gänzlich unverletzt.

Gitterzäune, Scheinwerfer und Kameras, Buschwerk und Bäume schützen den Hochsicherheitstrakt gegen Industriespionage, Bäume, in denen immer wieder Fotografen hängen, auf der Jagd nach Erlkönigen, den geheimen Prototypen neuer Sportwagen-Generationen. Jäger und Gejagte zugleich, wenn der Werkschutz sie ausfindig macht.

1931 eröffnete Ferdinand Porsche in Stuttgart sein Konstruktionsbüro, das seine Erben in den fünfziger Jahren zur einzigen deutschen Sportwagenschmiede ausbauten. Heute ist die Porsche AG der erfolgreichste Sportwagenhersteller der Welt.

Seit 1971 gibt es das Entwicklungszentrum in Weissach im Landkreis Böblingen, in dem – Außenstandorte mitgerechnet – 3000 Menschen arbeiten. Jeder vierte Mitarbeiter bei Porsche ist ein Entwickler.

Im Hochsicherheitstrakt von Weissach wird noch geschraubt

Vor dem Hauptgebäude demonstriert, angesägt und ausgeschlachtet, eine Sportwagen-Karosserie 25 Jahre Rostfreiheit. Vor Hallen und Containerbüros stehen Porsches in Reihe, jeder ein unverwechselbares Einzelstück, jeder hat irgendetwas, was Serienfahrzeuge nicht haben. Dazwischen parken die getarnten Prototypen der neuen Geländewagen-Serie, durch irritierende Plastikschwarten auf der Karosserie verunstaltet, mattschwarz und zugeklebt, denn Highlights und Reflexe könnten die Linien von morgen verraten.

Die Cayenne der Baustufe eins sind bis zur Unkenntlichkeit verhunzt, Baustufe zwei sieht schon fast wie ein Porsche für Naturburschen aus. Baustufe drei ist noch unter Planen verborgen.

Jeden Tag verlässt ein neuer Prototyp den Dschungel, so heißt die große Montagehalle wegen der Vielzahl der Kabel, die wie Lianen von der Decke hängen. Hier werden Ideen Blech, baut hochqualifiziertes Personal die Autos von morgen.

Ein paar hundert Meter weiter, hinter explosionssicheren Stahltüren, heulen Motoren im Haltbarkeitsdauerlauf, arbeiten Ingenieure an 32 Prüfständen am Motorenversuch. Sie horchen auf klopfende Verbrennung, sammeln eine wahre Datenflut im

Im Crashversuch werden Unfälle simuliert. Das Ziel: Die Dummys sollen unbeschädigt bleiben. Die Autos sind hinterher Schrott

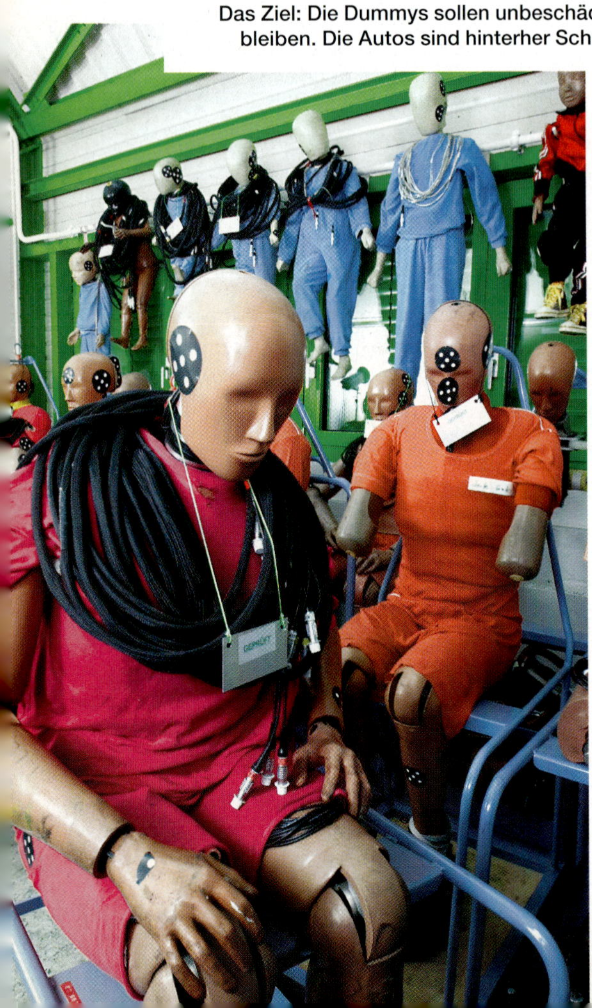

Das Porsche-Entwicklungszentrum mit Teststrecke in Weissach. Außen rasen die Sportwagen, innen, hinter Buschwerk versteckt, die neuen Geländewagen

Großrechner und testen so komplizierte Feinheiten wie die Winkelzüge der Auslassnockenwellenversteller.

Rot glühen Auspuffrohre und Katalysatoren, ein mächtiges Gebläse simuliert künstlichen Fahrtwind, ein Staubsaugerbeutel im Riesenformat sammelt Abgase für die Analysatoren.

„Die Werte werden weltweit immer strenger, die Messmethoden immer feiner. Noch nie war die Luft so rein, die hinten rauskommt", schwört ein Ingenieur.

Um so markanter ist das Geräusch. Ein Team von Komponisten arbeitet am Porsche-Sound, kraftvoll soll er sein, auch im Mezzoforte noch *con brio*. Luftgekühlt soll er klingen, wie einst, obwohl er flüstern könnte. Denn längst werden Porsche-Aggregate mit Wasser gekühlt. Aber die Kunden wollen Sound.

Die Komponisten des Porsche-Sounds mögen es *mezzoforte*

Das Tonstudio der Motor-Ingenieure und Akustiker, mit Glasfaserwürfeln schallschluckend ausgekleidet, ruht auf riesigen Stahlfedern. Es ist vom Gebäude entkoppelt, so dass sich keine Schwingungen übertragen können. Wenn es laut wird, verlassen die Sound-Designer den Raum.

„Oberhalb von 3000 Umdrehungen halten wir uns nicht gern hier auf, auch aus Sicherheitsgründen. Wenn einmal ein Schwungrad abgeht, fräst es wie eine Kettensäge alles, was ihm in den Weg kommt, kaputt."

Porsches Kaputtmacher arbeiten in der Crashhalle. Dort wartet die Offset-Barriere, ein harmlos aussehender blau getünchter Block aus Aluminiumplatten, auf den Unfallgegner. Meist ist es ein Luxussportwagen, der auf das Hindernis prallt, und der, so ist hier der Lauf der Dinge, zum Totalschaden wird.

Das Fahrzeug wird eingeklinkt, von einer Kette im Boden auf Crashgeschwindigkeit von 64 km/h gezogen. In 150 Millisekunden ist alles vorbei. Zurück bleibt ein Häufchen Elend.

„Wir kriegen sie alle." Leonhard Ferdinand, Demolition-Man des Unternehmens, wartet gelassen auf den nächsten Prototyp. Was er auf den Haken nimmt, ist vernichtet. Kein noch so winziges Teil eines gecrashten Fahrzeugs wird jemals wieder verwendet.

Für die Insassen der Versuchs-Fahrzeuge gilt dieses strenge Regel nicht. Stumm wartet die Großfamilie der Dummys auf ihren Einsatz, Gesichter ohne Augen, Sportkleidung in Pink, hölzerne Kniegelenke. Ein merkwürdiger Clan: breitschultrige Männer ohne Arme, zierliche Frauen mit Glatze, eine Schwangere im siebten Monat, Kinder im Alter von drei Monaten bis zu zwölf Jahren.

Früher waren es Schaufensterpuppen, heute sind es intelligente Wesen, die für die Sicherheit gegen die Wand fahren. Allein die Fontanelle mit hochsensiblen Messinstrumenten für alle denkbaren Unfallfolgen von Kopfschmerzen bis Schädeltrauma kostet pro Crash 13000 Euro extra. Das drehbare Skelett ist dem menschlichen Vorbild nachgebaut. „Als hätte der Schöpfer die Notwendigkeit vorausgesehen, hat er im menschlichen Becken eine Kerbe konstruiert, in der Sicherheitsgurte perfekten Halt finden", sagt Ferdinand.

Im Crash-Versuch: eine Schwangere im siebten Monat

Was Gurte nicht halten, wird im freien Flug getestet. Köpfe ohne Körper werden von einer Art Kopfschussgerät auf Bauteile wie A-Säulen oder Lenkräder geschossen, um Schädelverletzungen zu simulieren und Risiken auszurechnen.

Ein paar hundert Meter weiter, im Allerheiligsten, herrscht konzentrierte Stille. Ein Designer formt einen Heckflügel aus Plastilin. Er klebt schwarzes Tape drauf, um die Form als Linie zu erkennen, und betrachtet sinnend sein Werk.

Das 1:1-Modell eines streng geheimen Zukunfts-Porsche steht unter der elektronischen Abtastmaschine. Sie gleitet über das Modell und erarbeitet eine „Punktewolke". Intelligente Design-Software verwandelt Punkte in ein Netz, das Netz wird zur Fläche, die sich auf dem Bildschirm per Mausklick in ein dreidimensionales Bild verwandelt. Farben, Reflexe, Spiegelungen, alles entsteht in Sekundenbruchteilen.

Die Zauberei der elektronischen Risszeichnungen, das Computer Rendering, ist längst Routine. Das Design der Zukunft ist virtuell. Früher dauerte die Entwicklung eines neuen Fahrzeugs sieben Jahre, heute sind es vier. Computerbilder lassen sich ungleich schneller korrigieren als handgefertigte Modelle. Und auch der klassische Konflikt zwischen Designern und Entwicklern ist längst ein Krieg der Rechner geworden.

Im Konstruktionsbüro erscheint der virtuelle Prototyp eines Cayenne auf dem Bildschirm. Teamleiter Reinhard Stenger prüft unter Einsatz von 17 Gigabyte die Details der Konstruktion. Der elektronische Result-Manager wertet aus, schreibt Kommentare, zum Beispiel, dass sich zwei Teile um einen halben Millimeter zu nahe kommen.

Am Ende steht immer ein flotter Kompromiss

Die Konstruktions-Abteilung tut gut daran, solche Beanstandungen zu berücksichtigen. „Unsere Überprüfung entspricht der Polizeifunktion im Projekt", sagt Stenger kühl.

Zwei Welten im Streit: Funktion gegen Form, Physik gegen Schönheit, Aerodynamik gegen Design. Am Ende steht immer ein Kompromiss, sagt der Designer. Am Ende entscheiden immer die Kosten, sagt der Entwickler. Am Ende kommt immer ein Sportwagen heraus, der mehr bieten muss als seine Vorgänger, sagt der Vorstandsvorsitzende.

Offenbar gibt es aber auch Details, die sich nicht verbessern lassen. Zum Beispiel die Tür. Sie überstand bisher mehrere Modellwechsel.

„Die Tür war über dreißig Jahre gut. Warum sollten wir sie ändern?" fragt Designchef Harm Lagaay. Eine mutige Entscheidung. Und sparsam ist sie auch, von geradezu schwäbischem Charakter.

Emanuel Eckardt, MERIAN-*Redakteur, saß schon häufiger bei Testfahrten in einem Porsche. Als Beifahrer. Und das war gut so.*

Wendelin Wiedeking, 49, übernahm 1992 die Leitung der Porsche AG in einer tiefen Krise und machte das Unternehmen zum erfolgreichsten Sportwagenhersteller der Welt

Herr der Pferdestärken

Porsche-Chef Wiedeking über ehrliche Autos, offenes Fahren und den Spaß am Stau

Interview: Emanuel Eckardt

MERIAN: Warum ist Porsche in Baden-Württemberg zu Hause?

Wiedeking: Prof. Ferdinand Porsche war Direktor bei Daimler in Stuttgart, bevor er 1931 seine eigene Firma gründete.

Was hat Baden-Württemberg, was andere nicht haben?

Es gehört zu den reichsten Bundesländern, und ist eine Hochburg der Automobilindustrie. Nicht nur wegen Daimler-Chrysler und Porsche. Dazu zählen Audi in Neckarsulm, Bushersteller wie Neoplan in Stuttgart und Zulieferer wie Bosch und Mahle.

Warum sind gerade die Schwaben so gute Autobauer?

Sie sind Tüftler, kreativ und zugleich bodenständig. Sie sind bescheiden, geben nichts vor, was sie nicht leisten können. Deswegen fühle ich mich als Westfale da wohl.

Westfalen eignen sich, offenbar wegen ihrer Dickschädel, als durchsetzungsfähige Vorstandsvorsitzende ...

Richtig. Aber auch Grundwerte wie die Bodenständigkeit sind in Baden-Württemberg und Westfalen ähnlich.

Aber ein Porsche fällt doch nicht durch Zurückhaltung auf ...

Warum soll ein Porsche nicht auffallen? Er ist der einzige deutsche Sportwagen und befindet sich technisch und emotional in der ersten Liga.

Was verbindet Porsche und den VW-Konzern?

Dr. Ferdinand Piëch, Mitglied der Familie Porsche-Piëch und langjähriger Vorstandsvorsitzender des Volkswagen-Konzerns, ist einer unserer Großaktionäre. Und der Käfer ist in den dreißiger Jahren auf den Reißbrettern des Hauses Porsche entstanden. Den heutigen Volkswagen-Konzern würde es ohne den genialen Konstrukteur Ferdinand Porsche nicht geben.

An eine Fusion ist nicht gedacht?

Nein.

Zieht das Unternehmen genug junge Mitarbeiter an?

Wir haben keine Probleme. Aber die Branche leidet darunter, dass in den Schulen Technik und Naturwissenschaften zu kurz kommen.

Wie kann man Abhilfe schaffen?

Wir haben in Baden-Württemberg einen Preis für Abiturienten ausgesetzt, die in Physik, Mathematik und Technik die besten Noten haben. Unter ihnen verlosen wir ein Stipendium für die USA und Auslandsaufenthalte.

Bilden Sie Nachwuchs aus?
Klar. Die gewerbliche Ausbildung ist top, in der ganzen Branche. Wir haben mit die größte Ausbildungsquote in der Industrie. Bei Porsche haben wir ein Werk in Zuffenhausen, das sich nur der Ausbildung widmet.

Werden Porsches von Azubis montiert?
Sie reparieren Motoren, die wir zurückbekommen haben, weil Probleme entstanden sind.

Die Motoren werden verkauft?
Als Austauschmotoren. Das geschieht unter Anleitung und Kontrolle von Fachleuten. Ich halte es für besser, junge Menschen mit realen Aufgaben zu begeistern, als sie immer nur Muster bauen zu lassen.

Bekommen Sie Ihren Nachwuchs aus der Region oder sind Sie auch auf Zuwanderung angewiesen?
Ohne Zuwanderung wären wir verloren. Porsche ist ein Weltunternehmen. Wir beschäftigen Menschen aus mehr als 15 Nationen.

Sie betonen stets, dass es für Sie keine Alternative zum Standort Deutschland gebe. Nun produzieren Sie in Finnland. Warum?
Weil wir – was wir nie gedacht hätten – nicht genug Kapazität haben. Als wir 1993 unsere künftige Strategie definierten, war unser Fernziel, 30 000 Autos im Jahr zu produzieren. Viele, auch im eigenen Unternehmen, haben gesagt: Das schaffen wir nie. Im letzten Geschäftsjahr haben wir dann 54 600 Autos verkauft.

Begegnen Sie als Produzent von Luxus-Sportwagen politischem Widerstand?
Nicht wirklich. Wir haben interessante Diskussionen mit den Grünen, die wir nach Weissach einladen. Porsche hat sich dadurch ausgezeichnet, dass wir dem Umweltschutz einen hohen Stellenwert eingeräumt haben. Unser Turbo erreicht mit seinen 420 PS eine Schadstoffnorm, die den Fahrer in die Lage versetzen, eine Steuergutschrift zu bekommen, was heute bei vielen Großserienfahrzeugen nicht möglich ist.

Wollen Sie uns einen hochmotorisierten Porsche als Umweltauto verkaufen?
Wenn Sie 420 Pferde laufen lassen, brauchen Sie ein bisschen mehr Hafer. Allerdings sind die Pferde, die dann laufen, sehr genügsam …

Mit 18,9 Litern im Stadtverkehr? …
Wenn Sie die Leistung pro Pferd rechnen, sind wir ganz, ganz vorn.

Auch in der Spitzengeschwindigkeit. Den neuen Porsche GT 2 geben Sie mit 315 Stundenkilometern an. Verlegen Sie nun den Rennsport auf die Autobahnen?
Sehen Sie es mal umgekehrt: Sie können mit einem Serienfahrzeug auf die Rennstrecke gehen. Vermutlich ist der GT2 der einzige Sportwagen, mit dem Sie das können.

Die Normalität ist doch anders. Wachsende Verkehrsdichte, voll gestopfte Autobahnen. Wozu brauche ich einen Porsche im Stop-and-go-Geschiebe einer Großstadt?
Durch die modernen Kommunikationsmittel ist die Zeit, die ich im Stau verbringe, doch nicht mehr vergeudet. Ich nutze sie zum Arbeiten.

Also gehört jetzt zum neuen Porsche-Feeling auch die Entdeckung der Langsamkeit?
Es macht auch Spaß, mit einem Porsche 80 zu fahren. Wenn Sie mit dem Cabrio durch den Schwarzwald fahren und den Wald riechen – das ist ein Fahr-Erlebnis, das Sie nicht so schnell vergessen werden.

Traditionelle Gerichte im Landgasthof Waidhof: Wirtin Moni Haas kocht Meerettichsauce zu feiner Rinderbrust. Und Vincent Klink darf kosten

Mein Schlemmerland

Der schwäbische Meisterkoch Vincent Klink fuhr nach Lörrach, wo er einst kochen lernte. Eine sentimentale Reise zu badischen Gelüsten

Genuss bin ich von Kindheit an gewöhnt. Schwäbisch Gmünd, meine Heimat, ist eine lebenslustige Stadt, eine sehr katholische, etwas abgehobene Wolke des Feierns, der Feste, des Essen und Trinkens. Ein kleiner Garten Eden in der bleigrauen Melange württembergisch-protestantischer Leibfeindlichkeit.

Zwar geht der Schwabe zum Lachen nicht mehr unbedingt in den Keller, aber wenn er es sich gut gehen lässt, soll das nicht jeder mitbekommen: Noch heute betreten viele Gäste ein Restaurant lieber durch den Hintereingang. Ende der sechziger Jahre boomten die Wienerwald-Hähnchen, kamen jugoslawische Hirtenspieße in Mode. Mit der Feinschmeckerei war jenseits von Maultaschen, Rostbraten und dem Gaißburger Marsch, einem urschwäbischen Eintopf aus Kartoffeln, Spätzle und Siedfleisch, nicht viel los. Mein Vater wollte, dass ich die Grande Cuisine lernen sollte. Also schickte er mich ins Badische.

Mein Lehrbetrieb war und ist bis heute ein Ort gastronomischer Kultur. Ein schmucker Gasthof mit gewachsener Rustikalität, keine groben Bretter oder doofdeutsche Accessoires an den Wänden, die Tradition und Romantik vorgaukeln sollen. Walter Haas, mein Chef im „Landgasthaus Waidhof" bei Lörrach, sorgte als Botschafter der deutschen Küche bei Diplomatenessen für korrekte gastronomische Interpretation. Und Moni Haas, die Chefin, war mein großer Schwarm. Sie trug wunderschöne Dirndl, nicht Folklore von der Stange, sondern geradlinige Haute Couture. Ich hing an ihren Lippen und an ihrem Dekolletee. Es war hier alles weniger eng als zu Hause.

Chef und Chefin hatten ihre liebe Not, mir etwas beizubiegen. Sie werden sich oft gefragt haben, wie man aus einem Sauschwaben einen guten Koch macht. Manchmal gab es einen kräftigen Tritt, den ich postwendend an die Säue weitergab. Als Lehrling auf dem niedrigsten Rang der Küchenhierachie war ich immerhin Chef im Schweinestall. Das endete mit einer bösen Niederlage, als ausgerechnet mir, dem Tierarztsohn, eine Sau verreckte. Für alle Beteiligten eine schwere Zeit.

Jetzt, drei Jahrzehnte später, habe ich ähnliche Empfindungen wie damals, wenn ich von Stuttgart nach Lörrach fuhr: Hinter Pforzheim ist mir, als würde ich eine Grenze überschreiten, das Rheintal tut sich auf, die Luft ist anders, wärmer, das Licht weicher. Ein anderer Stern, fast wie bei einer Auslandsreise.

Moni Haas steht in der Tür, ich sehe sie durch die üppigen Geranien. Die Zeit hat ihr nichts anhaben können. Wenig später sind wir in der Küche, sie hat sich eine Schürze umgebunden. Suppenfleisch köchelt auf dem ölbefeuerten Herd, und Moni wirbelt durch die Küche, dass ich mir vorkomme wie ein Statist. Sie klärt mich über badische Ochsenbrust auf. „Die Leute heutzutage wollen alles kurz gebraten. Suppenfleisch, richtig fettes, hat einen Geschmack, wie man ihn fast nicht mehr kennt. So viele Spezialitäten haben wir in Baden ja gar nicht. Ja, vielleicht Grünkernsuppe mit Markklößle, gerauchtes Schäufele, Schneckensuppe und einige andere Gerichte." Sie wendet sich an ihren Sohn Uli: „Musch doch au sage: gekochte Brust, Meerrettichsauce, Bouillonkartoffeln und eingelegte Zwetschgen, des isch doch der Hit, und dass du mir des saure Leberle net von der Karte nimmsch!"

An diesem Herd, den ich so gut kenne, fühle ich mich nostalgisch wohl. Schon spannt der Bauch, denn ich habe reichlich Bouillonkartoffeln probiert. „Hörsch jetzt uff!", kneift sie mich, „es bleibt ja nichts mehr für uns."

Das Naschen und Probieren ist sicher ein Grund, warum ich noch heute Spaß an der Kocherei habe. „Erinnern Sie sich, wie wir miteinander die Linzertorte gemacht haben?", frage ich Moni Haas. „Was heißt hier miteinander? Deine Begeisterung fürs Backen war ziemlich gering," antwortet sie. Da hat sie Recht. Noch schlimmer kam's nur, wenn eine Sau geschlachtet wurde. „Vincent, dir war den ganzen Tag das Entsetzen ins Gesicht geschrieben."

Stimmt, aber mit der ersten Leberwurst aus dem Brühkessel kehrte meine Lebensfreude zurück. Schäufele wurden gesalzen, Schwarzwälder Schinken kam in die Lake und später in den Rauchschrank. Das war ein Abenteuer,

Lust auf Schwarzwälder Schinken, Maultaschen und Kalbsherz in Rotwein. Genuss verbindet

ein Schwelgen in Urgerüchen. „Heut lohnt sich das nit mehr“, sagt Moni Haas fast wehmütig.

Ach, was haben wir nicht alles gemacht. Ihre Stimme trägt, als stünde sie auf einer Kirchenkanzel: „Gäste sind für traditionelle Gerichte nur noch schwer zu haben. Froschschenkel und Schnecken, im Elsass beliebte Spezialitäten, interessieren in Baden kaum jemanden mehr. Kalbsherz in Rotwein gesotten – wenn die Leute nicht mehr danach verlangen, koch' ich solche Sachen eben zu Hause für mich.“

Sie schnetzelt die Leber, nicht sehr professionell, aber mit der Entschlossenheit einer erfahrenen Hausfrau. „Vincent, schneid mal die Zwiebeln klein!“ Ich beobachte, wie sie die Leberstreifen kurz durch die heiße Pfanne jagt. „Zwiebeln her!“ In der selben Pfanne werden sie angeröstet, die Chefin löscht mit Rotwein ab, dass es zischt. Kalbsjus wird in die Pfanne gegossen, eingekocht, etwas Essig kommt hinzu, die Sauce ist schnell cremig eingedickt, die Leberstreifen kurz durchgeschwenkt, schnell Petersilie dran und fertig. „Wenn de do schlofsch, isch die Leber trocke, sie muss innen noch rosa sein, aber außen schön gebräunt.“

Ich bin damals ins Badische gekommen, weil es im Schwabenland vor Geiz nichts Rechtes zum Kochen gab, sage ich. Da fährt sie mir übers Maul: „Was schwätzt du für än Saich, do gibts Spätzle, Saure Kutteln, Rostbraten, Maultaschen im Schwobaland, aschtreine Spezialitäte.“ Sie gehört nicht zu den badischen Neidern, im Dreiländereck ist man eben von Natur aus großzügig, genussbetont und freudig. Wir probieren ein Zibärtle, einen wundervollen Schnaps, gebrannt aus wilden Mirabellen. Uli, Sohn und Koch, kommt mit erhitztem Kopf und bringt vorab eine Kostprobe saures Leberle in heller Sauce. Ein wundervoller Einstieg.

Klar, dass Gutedel auf den Tisch kommt. Ich erinnere mich: Als wir im Markgräflerland Weinbauern besuchten, war der Gutedel die meistdiskutierte Traubensorte. In Württemberg wie im Badischen hat sich die Weinkultur so erstaunlich gut entwickelt, dass selbst ausländische Winzer ins Schwärmen geraten. Andererseits gibt's im Schwäbischen eine Vierteles-Kultur, die vorgibt, auf Qualität zu achten, aber letztlich muss der Wein billig sein und soll nicht zu sehr Kopfweh verursachen. Das Trollinger-Viertele hat eine ähnliche Botschaft wie der Markgräfler Gutedel. Aber die Badener sind besser dran. Ist doch der Trollinger eine – wollen wir es mal schwäbisch nennen – überzwerche Rebsorte. Die Herstellung ist alles andere als einfach. Die Trauben reifen schlecht. Sogar in guten Jahrgängen ist es eine hohe Kunst, den Wein so vergären zu lassen, dass er genügend Farbe mitkriegt und nicht als Rosé missverstanden wird. Guter Trollinger kann nicht billig sein. Da haben es die Südbadener mit ihrem Wein leichter. Moni Haas doziert: „Des isch mi Wi, der Gutedel, er hat zarte Aromen, die auch bei reichlichem Genuss nie lästig werden. Leicht und bekömmlich ist er, ein richtiges Volksgetränk.“

Am Tisch wird es gemütlich. Ich hänsle meine Chefin, nenne sie „Badenserin“, obwohl es „Badenerin“ heißen muss. Sie lächelt. Nichts Abfälliges ist ihr zu entlocken. Nichts gegen die Württemberger Leute, meint die Chefin. Gutes Essen verbindet – auch Badener und Schwaben.

Vincent Klink, *Jahrgang 1949, ist Schwabe, Fernsehkoch und Herausgeber der kulinarischen Kampfschrift „Häuptling Eigener Herd“ (www.haeuptling.com). Klink kocht in seinem Stuttgarter Restaurant Wielandshöhe hauptsächlich traditionelle Gerichte, die italienisch oder französisch anmuten , aber ihren schwäbischen Ursprung nie verleugnen.*

Badisch kochen mit Vincent Klink

Grünkernsuppe mit Markklößchen

Zutaten für vier Personen

Für die Suppe:

80 g Grünkernschrot, eine Zwiebel, zwei EL Butter, ein EL geräucheter Bauchspeck (gewürfelt), zwei EL Sahne, ein Bund Petersilie, 1 kg Rindfleischknochen, ein Bund Suppengrün, eine kleine Zwiebel, Pfeffer, Salz, Muskatblüte.

Für die Klößchen:

100 g ausgelassenes Ochsenmark, ein Ei, 100 g geriebenes Weißbrot,eine Messerspitze Muskatblüte, Salz, Pfeffer.

Zubereitung:

Das Mark mit dem Ei mixen, Muskatblüte, Salz und Pfeffer dran. Weißbrotbrösel einrühren, bis ein dünner Teig entsteht, 15 Minuten ziehen lassen, Klößchen formen.

Rindfleisch in zwei Liter kaltem Wasser aufsetzen, salzen. Sobald es kocht, die an den Schnittstellen geröstete Zwiebel und das Fleisch hinzugeben. Schaum abschöpfen. Nach einer halben Stunde das Suppengrün, die Muskatblüte und ein paar Pfefferkörner in die Suppe geben. Zwei Stunden sanft kochen, dann durch ein Sieb passieren.

Zwiebel fein würfeln, in Butter glasig dünsten. Grünkernschrot unterrühren, anrösten. Mit Fleischbrühe auffüllen und 20 Minuten köcheln lassen. Markklößchen drei bis vier Minuten in der Suppe wärmen, mit Muskatblüte abschmecken.

Gehackte Petersilie einrühren, kurz vor dem Anrichten zwei Esslöffel geschlagene Sahne unterziehen.

Ich zeige dir ein Bild von mir. Roland Mack, Freizeitvisionär, Europa-Park Rust/Baden.
Das Leben hinter den Kulissen von Deutschlands größtem Freizeitpark ist wie ein Karussell. Wenn es für einen Moment langsam wird, zieht es mich in den Zaubergarten. Mit badischem Wein und dem Sonnenmännchen – dem Zeichen der badischen Winzergenossenschaften.
Information: Badischer Wein, Keßlerstraße 5, 76185 Karlsruhe, www.badischerwein.com, badische.weinwerbung@t-online.de
Unser Sonnenmännchen Bei allen echten Genießern zu Hause
Badischer Wein®
von der Sonne verwöhnt

Schöne neue Welt: In Heidelberg, der ältesten Universitätsstadt Deutschlands, hat das Geschäft mit der Genforschung Hochkonjunktur

Der Bio-Boom

Text: Markus Grill, Fotos: Peter Ginter

Auf der Tür zum Labor E-08 steht „Gentechnische Anlage", daneben „Sicherheitsstufe 1". Durch ein tellergroßes Guckloch in der Tür sieht man eine junge Frau in weißem T-Shirt mit blonden Strubbelhaaren. Sie sitzt auf einem Hocker und starrt durch ein Mikroskop. Im Präparatekasten vor ihr stecken aufgereiht 28 kleine Glasscheiben.

Kerstin Otte ist 34 Jahre alt, Molekularbiologin, und arbeitet seit knapp zwei Jahren im Labor der Heidelberger Firma Lion Bioscience. Behutsam schiebt sie die nächste Glasscheibe unters Mikroskop. Schon mit bloßem Auge sieht man einen hellgrauen, hauchdünnen Fleck, kaum größer als eine Kaffeebohne: Es ist ein Stückchen aus der Leberscheibe einer Maus. Genau gesagt: eine zweitausendstel Millimeter dünne Scheibe.

Kerstin Otte untersucht, ob in dieser Leber ein gewisses Gen aktiv ist – der erste Schritt einer langen wissenschaftlichen Fleißarbeit. Wenn sie Glück hat, wird sie schließlich entdecken, dass dieses Gen auch für Leberkrankheiten beim Menschen verantwortlich ist. Wie es heißt, darf sie keinesfalls verraten – der Laborleiter verdeckt noch schnell den Monitor auf ihrem Schreibtisch, damit der Besucher nichts sehen kann.

Kerstin Ottes Arbeitgeber, die Firma Lion Bioscience, sucht in ihren Labors Wirkstoffe für neue Medikamente. Vor allem aber entwickelt Lion Computerprogramme, mit denen sich die 400 wichtigsten Biotech-Datenbanken der Welt gleichzeitig auswerten lassen. Sogar Craig Venter, der mit seiner Firma Celera Genomics in Rockville (Maryland, USA) das menschliche Genom entziffert hat, bezieht seine Software von Lion.

Chef der Firma Lion ist Friedrich von Bohlen und Halbach, ein Nachfahre des Stahlbarons Alfred Krupp, der sein Geschäft unter anderem mit Eisenbahnen machte, was im 19. Jahrhundert so viel wie Hightech bedeutete. Von Bohlen junior hat sich der Computer- und Biotechnologie verschrieben – und das auf Gedeih und Verderb. Denn er hat es abgelehnt, Gründungskapital für Lion in Anspruch zu nehmen. Statt einen Teil seiner Firma einem potenten Geldgeber zu verkaufen, hat er persönlich mehr als 750 000 Euro von der Bank geliehen.

Es hat sich gelohnt. Inzwischen bedeutet Lion für die Biotechnologie in Deutschland, was Daimler im Automobilbau ist. Zwar gibt es in München so erfolgreiche Firmen wie Morphoys und MediGene, dazu Evotec in Hamburg, aber keine von ihnen besitzt einen Chef, der den Übergang von der Old zur New Economy so perfekt verkörpert wie dieser unternehmungslustige Spross der legendären Krupp-Dynastie.

Der Chef residiert im obersten Stock bei Lion. Er ist 39 Jahre alt, groß, blond und wirkt, als hätte er sein Leben lang nichts anderes gemacht als geführt. „Der hat das in den Genen", flüstern sie in den Stockwerken darunter. Nach Ansicht des Historikers Lothar Gall dominieren bei den Krupps seit jeher „eine gewisse Monomanie und eine Neigung auf das ganz Neue, auf die ihrem Wesen nach unsicheren Märkte der Zukunft zu setzen".

Im Flur vor seinem Büro liegt ein drei Meter langes Stück Kunstrasen, daneben stehen Golfschläger und liegen Bälle parat. Uhren zeigen die Ortszeit an den Lion-Standorten Cambridge in den USA und Cambridge in England. Auf die Fensterbank neben seinem Schreibtisch hat Friedrich von Bohlen ein Schwarz-Weiß-Foto gestellt, ein Geschenk von Frank Schirrmacher, einem der Herausgeber der *Frankfurter Allgemeinen Zeitung*. Es zeigt den Journalisten zusammen mit Craig Venter in Paris. „Für mich die Synthese aus Alter und Neuer Welt", verkündet von Bohlen, „Technik und Kultur, Begeisterung und Skepsis, eben der ganze Spannungsbogen zwischen USA und Europa."

Das DNA-Modell symbolisiert für Lion-Chef Friedrich von Bohlen die Zukunft: „In zwei Jahrzehnten wird jeder Mensch einen Teil seiner genetischen Anlagen kennen“

Dass er selbst zur Abteilung Technik und Begeisterung gehört, braucht er nicht zu betonen. „Auch wenn man das noch nicht so richtig begriffen hat: Die Biotechnologie wird unsere Gesellschaft grundlegend verändern.“

Spätestens in 20 Jahren werde jeder Mensch einige seiner genetischen Anlagen kennen und wissen, welche Krankheiten ihm drohen. „Das wird unser gesamtes Versicherungssystem sprengen. Die Leute werden sich individuell versichern, individuell ernähren, individuelle Medikamente einnehmen – alles Märkte für die Biotechnologie.“ Um diese Ziele zu erreichen, müssen Unmengen von Daten ausgewertet werden, für die Lion die Software-Systeme liefern will. „Wir werden in der Biotechnologie einen ähnlichen Stellenwert haben wie der Software-Riese SAP aus Walldorf.“

Der Familie von Bohlen gehören 20 Prozent der Lion-Aktien. Einem Spaziergang im Jahr 1996 ist es zu verdanken, dass Friedrich von Bohlen auf diesem Chefsessel sitzt.

Es ist ein nebliger Februartag, als er mit dem Vetter seiner Frau, dem Molekularbiologen Magnus von Knebel Doeberitz, über den Heidelberger Philosophenweg spaziert. Doeberitz erzählt von seinem Plan, eine Firma zu gründen, die sich mit Genforschung beschäftigt. Das sei die Zukunft. Zur selben Zeit ruft Forschungsminister Jürgen Rüttgers den Bioregio-Wettbewerb ins Leben. In Heidelberg gründet sich der Initiativkreis Biotechnologie, der Ulrich Abshagen anheuert, einen ehemaligen Manager von Boehringer Mannheim. Er soll die akademischen Platzhirsche Heidelbergs bewegen, mitzumachen. Bei den ersten Treffen herrscht noch Argwohn: Jeder Teilnehmer muss schriftlich erklären, nicht zu verraten, woran die Kollegen forschen.

Schließlich kommen genügend gute Ideen zusammen, darunter die von Lion. Abshagen, ein gelassen agierender Manager mit weißem Haar, präsentiert sie den Juroren im Forschungsministerium – und Heidelberg gewinnt. 25,5 Millionen Euro Steuergelder sind seither in die Region Rhein-Neckar geflossen, die damit neben den ebenfalls prämierten Regionen Rheinland und München beste Startbedingungen besaß – „der Wettbewerb kam wirklich um fünf vor zwölf, um die Biotechnologie in Deutschland anzustoßen", erinnert sich Abshagen.

So entwickelte sich die weltberühmte Touristenstadt mit der ältesten Universität Deutschlands in den vergangenen fünf Jahren zu einem der führenden Biotech-Standorte Europas. Auf dem Campus im Neuenheimer Feld, zwei Kilometer Luftlinie von der Altstadt entfernt, entstand ein Technologiepark, der Firmengründern der Life-Sciences-Branche Labors und Büros zu günstigen Mieten bot. 30 neue Firmen mit mehr als 800 Beschäftigten haben sich inzwischen angesiedelt – im Jahr 2002 wird ihre Zahl auf mehr als 50 steigen, die Mietverträge sind schon unterzeichnet.

Ein Standortvorteil ist die Nähe zu den vier Pharmakonzernen BASF und Knoll in Ludwigshafen, Roche Diagnostics in Mannheim und Merck in Darmstadt, die den jungen Firmen oft Aufträge erteilen. Noch wichtiger ist die Nähe zu den renommierten Wissenschaftseinrichtungen, aus denen die meisten Gründer stammen: In ein paar Minuten erreicht man alle Institute, die Uniklinik, das Zentrum für Molekulare Biologie (ZMBH), das Deutsche Krebsforschungszentrum (DKFZ) und das Max-Planck-Institut für medizinische Forschung. Um in das Europäische Laboratorium für Molekularbiologie (EMBL) zu kommen, genügt ein Katzensprung über den Neckar – trotz aller moderner Kommunikationsmittel ein unschätzbarer Standortvorteil, der Forscher und Firmeninhaber auf kurzen Wegen zusammenführt, und sei es bei abendlichen Vorträgen in der Kantine.

Zu den interessantesten Neugründungen in Heidelberg gehört die Firma Apogenix der beiden Mediziner Henning Walczak und Peter Krammer. Im vergangenen Jahr hat sich Apogenix gegen 115 andere Firmen durchgesetzt und den erstmals vom Land vergebenen „Genius Award" gewonnen, einen Preis für den besten Businessplan. Krammer, der seit Jahren als Nobelpreiskandidat gilt, erforscht mit Walczak, wie man den aus dem Gleichgewicht geratenen Zelltod beeinflussen kann, der unter anderem bei Herzinfarkt und Krebs auftritt. Nach den üblichen Gewohnheiten am Krebsforschungszentrum hätten die beiden Forscher auf einen Pharmakonzern gewartet, der irgendwann angefragt hätte, ob man aus ihrer Entdeckung ein Medikament basteln könne. „Aber wir wollen es selber versuchen", sagt Walczak. In den USA hat er gelernt, dass es ein normaler Vorgang ist, wenn Forscher Firmen gründen.

Eigentlich könnten alle zufrieden sein, gäbe es nicht die Bayern, die mit ihrem Biotech-Standort Martinsried den Heidelbergern regelmäßig die Schau stehlen. Ein Jammer, klagt Pamela Bogner, Sprecherin des Technologieparks: Neulich, auf der Messe in San Diego, hätten die mit ihrem Marketingverein „Bayern innovativ" wieder einen Superstand gehabt, Geschenke verteilt und abends zum Empfang geladen – die Heidelberger dagegen hatten nur ein paar Prospekte dabei.

Eine Tür neben Pamela Bogner sitzt Abshagen. Der Gründungsvorsitzende des Bioregion-Vereins ist heute Chef der Firma Heidelberg Innovation und hilft Gründern, einen Businessplan zu entwerfen, vermittelt Kontakte zu Patentanwälten oder stellt Risikokapital zur Verfügung – die jungen Firmen bezahlen, indem sie ihm einen Anteil ihres Unternehmens überlassen.

Beim Thema Bayern beginnt Abshagen zu grummeln. Seit Franz Josef Strauß sei es dort Chefsache, den Agrarstaat in ein Hightech-Land umzuwandeln. „In der Biotechnologie lebt sich das geballte Engagement der Staatsregierung aus."

Von Bohlen kritisiert zudem, dass Baden-Württemberg aus falsch verstandenem Föderalismus mit Ulm, Freiburg, Stuttgart und Heidelberg vier Standorte gleichzeitig aufbauen will. Nichts Halbes und nichts Ganzes, in den USA plane man effektiver, dort gebe es nur zwei große Standorte. Heidelberg, sagen die jungen Unternehmer, wird sich wohl aus eigener Kraft an die Weltspitze kämpfen müssen.

Markus Grill, *Jahrgang 1968, schreibt als Wirtschaftsjournalist für den* Stern. *Für Biotech interessiert er sich, seit er Michel Houellebecqs Roman „Elementarteilchen" gelesen hat.*
Peter Ginter, *Jahrgang 1958, hat sich auf Reportagen zu wissenschaftlichen Themen in der Industrie spezialisiert.*

In den Gefrierschränken der Firma Lion lagern Stammzellen und Klone. Die Farbstreifen, die der Fotograf über Boden und Schränke gelegt hat, stehen für die Basen der DNA, der Träger der Erbinformationen

Leonhardt & Kern
Es ist nicht Ihr Kind,
aber auch Ihr Problem.
STUTTGARTER ZEITUNG
Maut für Lastwagen beschlossen
Unpopulär, aber notwendig
Nato schickt Vorhut nach Mazedonien
HEUTE
STUTTGARTER
ZEITUNG
Zu denken geben.
14 Tage kostenlos probelesen: Tel. 0 8000 / 14 14 14; www.stuttgarter-zeitung.de

Denkanstöße

Die Landschaft im deutschen Südwesten hat zu allen Zeiten Dichter fasziniert – Hölderlin wie Schiller, Hesse oder Mörike, Hauff, Uhland, Hebel und Walser **Fotos: Wilfried Bauer**

Bodensee

Immer wieder drängt sich der Bodensee in die Geschichten Martin Walsers. Oft sieht man Walser bei Ufer-Spaziergängen, hier lebt und arbeitet er. Und hier leben viele seiner Romanfiguren, träumen, verdrängen, scheitern. Ihr bürgerliches Leben plätschert dahin, bis plötzlich Sturm aufkommt und der See zur hellgrünen, fauchenden Fläche wird.

„Blaue Wände, hellere, dunklere, tiefviolette Wetterwände stehen im Südwesten und Westen vom Himmel in den See. Das Wasser säuft sich voll an diesen Blaufarben. Und vom hohen Osten scheint die Sonne aus einem nichts als hellen Himmel herein. Aber dieser Sonnenschein trifft auf das von den dunklen Wetterwänden tiefdunkle Wasser. Als öliges Gold oder goldenes Öl schwimmt der Sonnenschein im Wasser."

Martin Walser, Jagd

Kloster Maulbronn

„Wer das Kloster besuchen will, tritt durch ein malerisches, die hohe Mauer öffnendes Tor auf einen weiten und sehr stillen Platz. Ein Brunnen läuft dort, und es stehen alte ernste Bäume da und zu beiden Seiten alte steinerne und feste Häuser und im Hintergrunde die Stirnseite der Hauptkirche mit einer spätromanischen Vorhalle, Paradies genannt, von einer graziösen, entzückenden Schönheit ohnegleichen.“

Hermann Hesse, Unterm Rad

Das alte Zisterzienserkloster, in dem Hermann Hesse Schüler des Evangelischen Seminars war, erzählt aus allen Ecken und Winkeln von Glauben und christlicher Tradition. Die wuchtigen Bauwerke flößen Respekt ein, die ehrwürdigen Mauern, Erker, Tore, die sie umgeben, sind verspielte Motive in einem monumentalen Bild.

Stuttgart

„Und das Gleiche nur ist's, was an das Gleiche sich reiht./Stände seh ich gebildet, der Pappeln stolze Geschlechter/ Ziehn in geordnetem Pomp vornehm und prächtig daher."

Friedrich Schiller,
Der Spaziergang

Friedrich Schiller und Stuttgart, das ist eine ambivalente Beziehung. Die Militärschule von Herzog Carl, in die er 1773 einrücken musste, war ihm ein Gräuel. Neun Jahre später floh der Dichter aus der Stadt. Danach aber wandelte sich sein Bild von Stuttgart: Hier fänden „gute Köpfe" zusammen. Die Hügel ringsum beeindruckten ihn. Impressionen einer Wanderung zwischen Schloss Hohenheim, wo sein Vater Hofgärtner war, und dem Talkessel sollen in seine Elegie „Der Spaziergang" eingeflossen sein.

Blautopf

Im Blautopf in Blaubeuren, dem glucksenden Bauch der Schwäbischen Alb, lebte nach Eduard Mörikes Märchen die schöne Lau, verbannt von ihrem Gatten, einem Donau-Nix am Schwarzen Meer, weil sie nur tote Kinder gebar. Im Blautopf lernte die Wasserfrau mit den langen Haaren wieder lachen. Männer gerieten in den Sog der Schönen aus der Kühle – Zufall oder Tiefenpsychologie?

„Die schöne Lau lag jenen Nachmittag auf dem Sand in der Tiefe, und, ihr zu Füßen, eine Kammerjungfer, Aleila, welche ihr die liebste war, beschnitte ihr in guter Ruh die Zehen mit einer goldenen Schere, wie von Zeit zu Zeit geschah."

Eduard Mörike,
Historie von der schönen Lau

Lichtenstein

Schloss Lichtenstein entstand erst um 1840, erbaut nach „Lichtenstein“, Wilhelm Hauffs romantischer Sage. Wer eine sagenhafte Fantasie hat, wird sich ausmalen können, wie sich der geächtete württembergische Herzog Ulrich im 16. Jahrhundert tatsächlich in der nahe gelegenen Nebelhöhle versteckte.

„Wie ein kolossaler Münsterturm steigt aus einem tiefen Albtal ein schöner Felsen, frei und kühn, empor. Weitab liegt alles feste Land, als hätte ihn ein Blitz von der Erde weggespalten, ein Erdbeben ihn losgetrennt, oder eine Wasserflut vor uralten Zeiten das weichere Erdreich ringsum von seinen festen Steinmassen abgespült(...) Wie das Nest eines Vogels auf die höchsten Wipfel einer Eiche oder auf die kühnsten Zinnen eines Turmes gebaut, hing das Schlößchen auf dem Felsen.“

Wilhelm Hauff,
Lichtenstein

Wurmlingen

„Droben bringt man sie zu Grabe,
Die sich freuten in dem Tal;
Hirtenknabe, Hirtenknabe!
Dir auch singt man dort einmal."

Ludwig Uhland, Die Kapelle

Drunten, im Ammertal bei Tübingen, ländliches Leben inmitten von Feldern und Streuobstwiesen – droben ein Ort des Glaubens, der Ruhe und der Trauer. Weithin sichtbar steht die weiße Kapelle auf einem 475 Meter hohen Bergkegel. Ludwig Uhland hat den symbolträchtigen Kontrast in seinem zum Volkslied gewordenen Gedicht „Die Kapelle" auf den Reim gebracht. Heute zieht der Berg vor allem Ausflügler an.

Nürtingen

Nürtingen und der Neckar – für den Dichter Friedrich Hölderlin waren sie Fixpunkt und Fluchtort in einem. In der Kleinstadt mit der mächtigen Laurentiuskirche wuchs er auf, von hier brach er auf nach Jena oder Bordeaux, und hierher kehrte er immer wieder zurück – zerrissen durch den Widerspruch von Ideal und Wirklichkeit.

„Zu euch, ihr Inseln! bringt mich vielleicht, zu euch/
Mein Schutzgott einst; doch weicht mir aus treuem Sinn/
Auch da mein Neckar nicht mit seinen
Lieblichen Wiesen und Uferweiden."

Friedrich Hölderlin,
Der Neckar

Belchen

„Durch den Schnee und durch die Tannen des Schwarzwalds kommt abends am 5. Dezember 1807 ein achtjähriges Mägdlein halb barfuß, halb nackt vor das Häuslein eines armen Taglöhners im Gebirg und gesellt sich, mir nichts, dir nichts, zu den Kindern des armen Mannes, die vor dem Hause waren, und gaukelt mit ihnen, geht mit ihnen, mir nichts, dir nichts, in die Stube und denkt weiter nimmer ans Fortgehen.

Johann Peter Hebel, Das fremde Kind

Wer abends auf dem 1414 Meter hohen Belchen steht, erlebt den Schwarzwald als bizarres, surreales Farbenspiel: wenn die dunklen Tannen rot zu schimmern beginnen und die unbewaldeten Gipfel hell erstrahlen. Der Berg bei Freiburg ist einer der magischen Orte, die Johann Peter Hebel zu seinen „Alemannischen Gedichten" inspirierten.

Rainer Nübel, *freier Autor in Weinstadt, wählte Dichter und Denker seines Heimatlandes aus.* **Wilfried Bauer**, *Hamburger Fotograf, versuchte mit den Augen der Dichter zu sehen und empfand Landschaften und Farben verändert.*

Der Fernsehturm auf dem Hohen Bopser bietet den schönsten Blick auf Stuttgart – und Gleitflüge in den Talkessel

Stuttgart – eine Liebeserklärung

Die Großstadt am Neckar ist so schön wie Nizza bei Nacht. Sagt Niklas Maak

Stuttgart ist die südlichste Stadt Deutschlands. Das wird zwar auch von München gesagt – aber München hat viel zu sehr Angst, vielleicht nur die nördlichste Stadt Italiens zu sein. Deswegen sagen die Leute dort „Alfa Rrrrommeeeeo" mit viel R drin, und in den Espresso-Bars der Stadt hört man Sätze wie „Mach den *caffè* bitte ein bisschen *macchiato,* Luigi". Stuttgart muss nicht *macchiato* sein, denn das Wetter ist so gut wie in Italien, und der örtliche Genpool wurde von italienischen Gastarbeitern zu seinem Vorteil gründlich durcheinandergebracht, weswegen viele Stuttgarter und Stuttgarterinnen gar nicht so aussehen, als ob sie aus Stuttgart kommen.

Man ist von hier aus schnell in Frankreich, besonders mit den Autos, die sie in Zuffenhausen bauen. Wenn man nicht nach Frankreich fährt, kann man mit dem Porsche auch nur den Berg hinauf zum Restaurant Wielandshöhe fahren. Der Weg dorthin ist eine Lektion in der Ästhetik des Erhabenen: Der Motor donnert und röhrt wie ein Gewitter über dem Talkessel, und die Straßen sind steil und kurvig wie an der Corniche des Maures an der Côte d'Azur. Gäbe es nicht diese Serpentinen-Straßen, die eigentlich Küstenstraßen sind, Ferdinand Porsche wäre wahrscheinlich nie auf die Idee gekommen, aus dem Käfer einen der besten Sportwagen der Welt zu machen.

Der Blick vom Bopser ins Tal ist so großartig wie der, den die Seealpen auf Nizza bieten, und nachts sieht man Lichter wie in der Bucht von Cannes. Stuttgart ist wie Mittelmeer ohne Mittelmeer.

Durch die Scheiben des Restaurants Wielandshöhe schaut man wie aus einem Raumschiff ins Tal – und auch das ist eine Stuttgarter Eigenart: keine Angst vor dem ganz Neuen zu haben. 1927, als sie in Dessau noch ihre schüchternen Bauhauskästchen aufstellten, wurde hier von Mies van der Rohe, Hans Scharoun und Le Corbusier die futuristisch weiße Weißenhofsiedlung gebaut, ein Vorbote des modernen Lebens. Ohne Zipfeldächer und Krüppelwalmdächer und Butzenscheiben. Nie war Deutschland wieder so undeutsch wie hier. Die Nazis nannten die Weißenhofsiedlung wütend ein Araberdorf. Zu hell. Zu aufgeklärt. Zu südlich.

Als ich noch in Hamburg wohnte, gingen wir manchmal zu Bobbys Bootssteg, und wenn über Städte gesprochen wurde, gab es immer einen, der sagte, er könne nie in Stuttgart leben, schaffeschaffe, überhaupt diese Leute, deren Lippen vor lauter Sparsamkeit verschwunden seien, und die Frauen, vor allem: Die Frauen würden aussehen wie Lothar Späth mit Zöpfen (was nicht stimmt, Frauen aus Stuttgart sehen aus „wie Italienerinnen oder Spanierinnen", wenn man dem Verlagschef Joachim Unseld und anderen Experten glauben darf). Der Mann aus Hamburg ist dann bei irgendeiner Bank in Frankfurt gelandet und wohnt in einem Ort, der allen Ernstes Oberursel heißt. Ich wohne in Berlin und freue mich jedes Mal, wenn ich nach Stuttgart komme. Natürlich gibt es auch in Stuttgart ein paar langweilige Menschen, aber halt auch nicht mehr als in Berlin-Mitte.

Stuttgart ist, jedenfalls auf seinen Hügeln, eine schöne, sehnsüchtige Stadt, was an dem Wunsch liegen mag, aus dem Talkessel herauszukommen, zu sehen, was hinter dem Hohen Bopser noch so ist. Vielleicht ist hier deswegen alles perfekt, was einem die Ferne näherbringt: Das Essen, die Autos und der erste deutsche Fernsehturm, den Fritz Leonhardt 1956 gebaut hat. Das Einzige, was Stuttgart noch gebrauchen könnte, wäre ein Zugang zum Meer, aber das schaffen die ortsansässigen Ingenieure bestimmt auch noch.

Hollywood in Ludwigsburg

Eine Kreisstadt bei Stuttgart ist neben München und Berlin wichtigster Standort für Filmschaffende. Im Fach Trickfilm und Special Effects ist die junge Akademie kaum zu schlagen: Sie hat schon Oscar-Preisträger gemacht

Text: Bernd Hauser, Fotos: Theodor Barth

Berlin, am Tag der Love Parade. Ein Mann schleppt eine ohnmächtige Frau durch Menschenmassen, die in einer Kakophonie aus Trillerpfeifen und Bässen baden. Ein Filmteam hetzt hinterher, die Kamera so nahe am Gesicht der Ohnmächtigen, dass ein paar Leute wütend werden. „Ihr Scheißkerle, lasst die Frau in Ruhe." Ein junger Mann aus dem Filmteam beschwichtigt. „Ganz ruhig. Das sind Dreharbeiten. Nicht echt."

Der Mann mit der runden Brille heißt Stefan Jäger, 30, und ist endlich dort angekommen, wo er hinwollte: nicht mehr Grundschullehrer, sondern Regisseur. Große Filme drehen dürfen. Um sich diesen Traum zu erfüllen, nahm der Schweizer 1992 seine Videokamera und reiste – nicht etwa nach Berlin oder München, sondern nach Ludwigsburg: Kreisstadt bei Stuttgart, mit Barockschloss, Metallindustrie und einer neuen Akademie. **Großzügige Räume in einer alten Kaserne, Filmplakate an langen weiß gekalkten Fluren und Anschläge, die mitteilen, welches Akademiemitglied wieder mal einen Preis gewonnen hat.** Modernstes Gerät im Studio und ein 400 000-Mark-Mischpult für eine Hand voll Filmmusik-Studierender, die Lehrer bekannte Filmleute, die man duzt und in deren Büros man hineinspaziert, um sich Rat zu holen.

Lothar Späth, damals noch Ministerpräsident, hatte erkannt, dass die Zukunft nicht allein aus Autos gebaut werden kann. Außerdem galt es, ein Versäumnis der achtziger Jahre aufzuholen: Stuttgart hatte geschlafen, die großen Kabelsender waren nach Köln und München gezogen. Deshalb gründete er die Filmakademie Ludwigsburg als Mittelpunkt eines neuen Medienstandortes. Anfangs gab es Kritik: Die Akademie sei ein Palazzo, in dessen Glanz sich die Landesregierung sonne, eine Filmkulisse, vorne prächtig, hinten leer.

Die Stimmung schlug durch Erfolge der Schule bald um. In den Disziplinen Trickfilm und Spezialeffekte hatte Ludwigsburg die Nase bald weit vorn. Die Kritik verstummte vollends, als die Trickfilm-Studenten ihrem Lehrer Volker Engel zu einem Oscar verhalfen. Den gab's für die Spezialeffekte in Roland Emmerichs „Independence Day", für den sie das Weiße Haus in Washington in die Luft jagten. Das war zu der Zeit, als dies nur am Computer möglich schien und bevor die Realität der Terrorangriffe in New York und Washington den kreativen Explosionsorgien der Trickfilmer einen bitteren Nachgeschmack verlieh. Nach der Preisverleihung 1996 brachen drei Ludwigsburger das Studium ab, um in Hollywood mit Engel und Emmerich „Godzilla" zu basteln. „Die meisten Studenten träumen vom amerikanischen Kino", sagt Akademieleiter Arthur Hofer, 52. Stolz verweist er auf die Praktika, die die Akademie den Studenten in Los Angeles vermitteln könne, manchmal sogar „im inneren Zirkel von Steven Spielberg". **Von Hollywood haben die Ludwigsburger gelernt: Erfolg ist, wenn die Kassen klingeln.** Manche Dozenten haben nur Hohn und Spott für den deutschen Autorenfilm der siebziger Jahre, der als großes Kino galt, aber nie viele Zuschauer erreichte. Viele Studenten kennen diese Filme nicht einmal, statt dessen lernen sie im europaweit einzigartigen Studiengang „Serienformate", wie man Seifenopern auf *Pro 7* und *RTL* so macht, dass der Zuschauer nicht wegzappt. Fünf Millionen Euro steckt das Land in den Studiengang, zusätzlich zu den jährlich sechs Millionen Euro, die die Akademie für den laufenden Betrieb erhält. „Eine gute Ausstattung ist Voraussetzung für den Erfolg. Das hat man in Baden-Württemberg erkannt", sagt Nico Hofmann, Regisseur und Produzent, der 50 Tage im Jahr an der Akademie unterrichtet.

Der Schwerpunkt auf der kommerziellen Schiene hat auch seine Kehrseite, gibt Akademieleiter Hofer zu, der seit einem Jahr im Amt ist. „Wir

Regiestudentin Theresa Renn dreht eine Szene zu ihrem Film „Memphis“ in der ehemaligen Reiterkaserne von Bad Cannstatt. Und hält auch noch das Mikro

Ausruhen auf ersten Lorbeeren: Akademie-absolvent Stefan Jäger hat mit seinen Debutfilm „Birthday" bereits einen Preis gewonnen

Beim jährlichen Filmfest Stuttgart/Ludwigsburg werden im Innenhof der Akademie auch Streifen anderer Filmhochschulen gezeigt

haben hier zu viele Karrieristen. Es müssen Leute Platz finden, die eine Botschaft haben." Mehr Studenten wie den Ex-Ludwigsburger Benjamin Quabeck, dessen fulminantes Spielfilm-Debüt „Nichts bereuen" die deutsche Kinokritik zu höchsten Hymnen verleitete. „Eine kleine Offenbarung", schrieb der *Spiegel*. **Auch Regie-Absolvent Stefan Jäger würde für sein Projekt das letzte Hemd verpfänden.** Er sitzt im Blauen Engel, einer Mischung aus Café und Kantine und vielleicht der wichtigste Ort an der Filmakademie. Jäger ist müde, hat nur drei Stunden geschlafen, die Nacht über gefeiert. Am Abend lief sein Kino-Erstling auf dem Stuttgarter Filmfestival, das Publikum war begeistert – wie schon auf dem Festival in Saarbrücken, wo er 30 000 Mark gewann.

„Birthday" heißt der Film, den Jäger in Berlin, in Norditalien und in seiner Wohngemeinschaft um die Ecke von der Akademie gedreht hat. Ein experimenteller Streifen über die Freundschaft von vier 30-Jährigen. Die Frau, die ihre Ohnmacht auf der Love Parade so gut spielte, heißt Bibiana Beglau und gewann für ihre Rolle als RAF-Terroristin in Volker Schlöndorffs „Die Stille nach dem Schuss" einen Silbernen Bären der Berliner Filmfestspiele.

Jäger hat sich die Neugier des 22-Jährigen bewahrt. Bei der Aufnahmeprüfung in Ludwigsburg sagte man ihm: „Machen Sie einen Film zum Thema Verkehr. Sie haben drei Tage Zeit." Jäger filmte eine Blinde im Bus, streute experimentelle Bilder ein, führte Interviews, ganz im Stil von Schweizer Dokumentarfilmen, die dem Zuschauer keine fertigen Lösungen anbieten, sondern Denkanstöße. Jäger wurde aufgenommen und war „begeistert von dieser Viefalt". Die Mitstudenten wollen Kameraleute werden, Autoren, Trickfilmer, Schauspieler, Regisseure. Mit ihren verschiedenen Blickwinkeln und ihrem Ehrgeiz machen sie die Schule zu einem kreativen Durchlauferhitzer, so Jäger. „Wenn du dich mit jemandem nächtelang über ein Drehbuch heiß geredet hast, vergisst du das nicht." Fast alle, die bei seinem Film „Birthday" mitgearbeitet haben, kommen von der Akademie. „Kontakte sind wichtig in dieser schnelllebigen Branche", sagt er. **Nicht alle sehen die Akademie so positiv. „Die Studenten sind zu satt, sie werden zu stark alimentiert", sagt ein hauptamtlicher Mitarbeiter und deutet hinüber zum Blauen Engel.** Dort servieren Gleichaltrige in blütenweißen Schürzen den Akademie-Studenten eine Auswahl an Gerichten für zwei Euro und wünschen „Guten Appetit", während sich Studenten anderswo in langen Schlangen in der Mensa anstellen müssen. „Als Dozenten kommen die großen Produzenten und Regisseure. Dieses Privileg tötet den Wunsch, andere Wege zu gehen und macht die Studenten brav", so der Akademie-Mitarbeiter. Ein Mann wie Fassbinder hätte als 20-Jähriger hier keine Chance bekommen: „Der wäre zu wenig *RTL*-kompatibel." Gefragt seien nicht Künstler, sondern Handwerker, die sich problemlos in die Industrie eingliedern.

Vielleicht wird hier deshalb strikt auf die Abgabetermine der Filme geachtet. In den Schneideräumen brennt auch morgens um vier Uhr noch Licht. Manche Studenten legen Luftmatratzen auf den Boden, wenn der Schlaf stärker ist als Nikotin und Koffein. Der Druck habe sein Gutes, sagt Stefan Jäger. „Du gehst hier nicht raus und denkst, die Welt wartet auf dich. Du weißt, du musst kämpfen." Da unterscheidet sich Ludwigsburg kein bisschen von Los Angeles.

Bernd Hauser, *Jahrgang 1971 und in Kopenhagen zu Haus, entdeckte, dass nicht nur die Dänen eine interessante Filmszene haben.*
Theodor Barth, *Jahrgang 1964 und Fotodesigner, war begeistert von der technischen Ausstattung der Akademie.*

Kriegen oder bekriegen sie sich? Der Konflikt zwischen Bienzle (Dietz-Werner Steck) und seiner Freundin (Rita Russek) bleibt ein ungelöster „Tatort"-Fall

Mord im Musterländle

Seit zehn Jahren agiert Bienzle in und um Stuttgart als einfühlsamer und eigenbrötlerischer „Tatort"-Kommissar

Einfach hat man's nicht mit ihm. Tafelspitz will er essen im Zeppelin-Stüble gegenüber dem Stuttgarter Hauptbahnhof, „aber nicht mit Spätzle, sondern mit gerösteten Kartoffeln, ach, und wenn Sie noch ein paar Karotten in den Salat tun könnten, dazu noch ein paar Gürkchen reinschneiden, ja?"

Die Wirtin bringt's wie gewünscht, überraschend nur, dass sie zum „Guten Appetit" nicht auch noch „Herr Kommissar" sagt. Sie bedient ihn halt schon ewig, als er noch am Staatstheater war und ihn fast keine Sau gekannt hat.

Heute ist Dietz-Werner Steck vor allem Ernst Bienzle, „Tatort"-Kommissar aus Stuttgart im zehnten Dienstjahr. „Ich kann kaum noch auf ein Straßenfest gehen, ohne dass die Leute ‚Bienzle' schreien." In Berlin fast noch heftiger als in Stuttgart. Seit „Bienzle und der Biedermann", dem Tatort von 1992, ist er ein Star. Selbst die Berliner *taz,* die sich mit diesem „selten unsympathischen Menschen" gar nicht anfreunden wollte, weil der „dauernd Anweisungen gibt und das auch noch auf Schwäbisch", hat inzwischen kapituliert: „Bienzle ist zwar immer noch nicht sympathischer geworden, aber trotzdem haben wir ihn irgendwie lieb gewonnen, auch und gerade weil ihn seine Freundin jetzt wohl endgültig verlassen hat."

Hat sie natürlich nicht. Die Zweierkiste gehört zu ihm wie Schlapphut und Trenchcoat. „Die heiraten nie", verrät Drehbuchautor Felix Huby, „die Frage ist immer: Kriegen sie sich oder nicht. Das ist mindestens so spannend wie die Frage nach dem Täter." Doch in Stuttgart sorgt man sich um die Gemütsverfassung des Kommissars. So wie ihn diese Frau behandelt, das habe er nicht verdient, empörte sich eine Lokalzeitung. „Privat würd' ich das wohl nicht mitmachen", sagt Steck, der seit 31 Jahren verheiratet ist und in einer Hochhaussiedlung oberhalb Stuttgarts lebt, wo es weder Mord noch Scherereien wegen der Kehrwoche gibt – im Gegensatz zu Bienzle-Tatorten, wo der Vermieter mit einem Laubblatt kontrolliert, ob ordentlich gefegt wurde. Als der Kommissar mit Freundin ein Sofa die Treppen hochschleppt, fragt er hinterlistig: „So, zieht se jetzt wirklich ein? Ja, dann erhöhat sich natürlich die Näbenkoschda …"

Produzent Carl Bergengruen sieht in Bienzle das Gegenstück zu Hau-drauf-Kommissaren wie Schimanski: „Bienzle löst seine Fälle einfühlsam, nie mit der Knarre." Die *Süddeutsche Zeitung* preist ihn sogar als schwäbischen Columbo. „Im Grunde ist das aber auch einer von diesen verhockten Schwaben", sagt Huby, der als ehemaliger *Spiegel*-Korrespondent in Stuttgart die Seele der Schwaben kennt. „Bienzle ist so ein Typ, der nicht richtig aus sich raus kann und vom schwäbischen Dualismus geprägt ist, der sich in Sprüchen wie ‚mach no au gschwend langsam' ausdrückt."

Markus Grill

MERIAN - INFO

Der Südwestrundfunk (SWR) produziert die meisten „Tatort"-Krimis in der ARD, allein sieben im Jahr 2002. Neben Ernst Bienzle ermitteln zwei Kommissarinnen: in Ludwigshafen Lena Odenthal (Ulrike Folkerts) und am Bodensee Klara Blum (Eva Mattes). Als Kulisse für das Kommissariat dient allen Dreien eine frühere Kaserne bei Baden-Baden. Dort residiert auch der SWR, nach der Fusion aus SDR und SWF mit 3950 Planstellen und einem Jahresetat von 1,05 Milliarden Euro zweitgrößter Sender der ARD. Er erreicht in Baden-Württemberg und Rheinland-Pfalz mehr als 14 Millionen Menschen. Neben dem „Tatort" finden die Talkshow von Wieland Backes und die Psychoberatung von Brigitte Lämmle bundesweit Beachtung.

DER FEINSCHMECKER
WEIN Gourmet
Parker
Amerikas Weinguru über „Garagen-Winzer" Manfred Krankl
Bordeaux
Wie gut wird der 2000er?
Test-Ergebnis: Pinot grigio
Er ist viel besser als sein Ruf!
DER FEINSCHMECKER
WEIN Gourmet
Im Test
Die besten Klimaschränke für Ihren Wein
Florenz
Die schönsten Weinbars der Stadt
Probiert: Châteauneuf-du-Pape, deutsche Weißburgunder
DER FEINSCHMECKER
WEIN Gourmet
Trophäen
100 Weine, auf die Sammler scharf sind
Weinbars: Unterwegs in München
Probiert: Côte de Nuits und Edelsüße aus Deutschland
DER FEINSCHMECKER
WEIN Gourmet
Frankreich
Toskana
Schweiz
Großes Special Burgenland
Österreichs Aufsteiger-Region
Probiert: Weißweine aus Friaul & Top-Beaujolais 2000

Kostümprobe mit Dorfkulisse: Gerd Plankenhorn und Peter Höfermayer proben für „Die letzten Sautage“

Prall wie das Leben

In Melchingen, einem entlegenen Flecken auf der Schwäbischen Alb, wirbelt Deutschlands seltsamste Theatertruppe. Was vor 20 Jahren als radikales Experiment begann, spielt heute auf hohem Niveau

Text: Uschi Entenmann, Fotos: Dorothea Schmid

Mit der Bahn, zu Fuß oder im Karren querfeldein:
Am liebsten führen die Lindenhöfler ihr Publikum auf Reisen

Szenenbild aus der „Bahnfahrt“, bei der die Zuschauer entlang der 90 Kilometer langen Strecke von lebenden Bildern begleitet werden

Früher waren sie als Pack verschrien, heute gehören die Künstler zum Dorfbild

Probe zu Shakespeares „Viel Lärm um Nichts“. Ein Beitrag zum Gomaringer Theatersommer

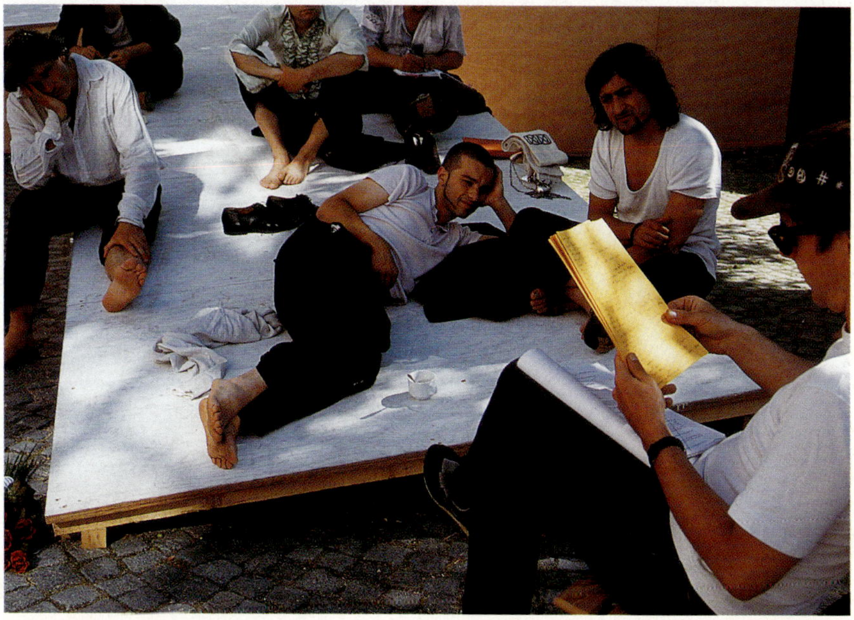

Unterhaltung stand anfangs nicht auf dem Spielplan. Jetzt spielt die Truppe schon mal deftige Schwänke

Bernhard Hurm rüstet sich für seinen Auftritt im „Entaklemmer“, der Thaddäus-Troll-Interpretation des „Geizigen“ von Molière. Linus bewundert den Mimen, und Ute Biesinger macht sich fein

Geflügelt und doch bodenständig: Stefan Hallmayer spielt den Engel in Peter Härtlings „Melchinger Winterreise"

Mit Friedrich Hölderlin zogen die Schauspieler aus, mit ihm kehrten sie zurück. Sie verließen Melchingen, einen Bauernflecken, dort, wo die Schwäbische Alb karg und kalt ist, wo manchmal noch im Juni die Kartoffeln erfrieren, und zogen ins Tal.

„Hölderlin. Tübingen. Turm." hieß ihr Stück, das den armen Poeten in seinem Turmzimmer am Neckar beschreibt. „Helfet mir doch. Warum hilft mir niemand?", zitiert Bernhard Hurm den in Umnachtung sinkenden Dichter, und schon steckt der kleine, kantige Schauspieler wieder bis über die blonden Locken in der Rolle, die ihm auf den Leib geschrieben war. Ist Hölderlin, der im Jahr 1806 bei einem Tübinger Schreinermeister unterkroch und einfache Sätze aufreihte:

Rettet euren Sänger. Ihr glotzet halt.
Die Liebe stirbt. Sobald die Götter fliehn.
Gfällts euch. Luschtig. Luschtig.
Des gefällt euch, wenn einer klein gmacht wird.

Monatelang hatte sich die Truppe um Bernhard Hurm vorbereitet, war ausgeschwärmt, um ihren traurigen Helden nicht als Bühnenfigur festzunageln, sondern ihn draußen, vor dem Turm auf der Neckarinsel, aufzuspüren. Die Lebensorte Hölderlins als Bühne, so wollten sie „hohe Dichtung bodenständig erzählen", erklärt Uwe Zellmer, einer der Gründer des Theaters Lindenhof und seit 20 Jahren sein Intendant.

Die Zuschauer spazieren mit den Darstellern durch die Tübinger Platanenallee und das Seufzerwäldchen, setzen sich schließlich zu Hölderlins Leichenschmaus an eine 200 Meter lange Tafel und lassen sich von den Schauspielern mit Wein und Brot bewirten.

Als Theatersaal dient die ausgebaute Scheune, die bis zu 170 Zuschauer fasst: genug Raum für gute Stimmung und gute Sicht

Schon die erste Hölderlin-Aufführung vor 15 Jahren war ein Riesenerfolg: 42 ausverkaufte Aufführungen, 12 500 Zuschauer, der Süddeutsche Rundfunk brachte das Stück ins Fernsehen. Landesweit gute Kritiken, und Peter Härtling, Autor eines Romans über Hölderlin, schwärmte: „Damals ergriff mich für einen Augenblick die Vision eines Theaters, das unseren Alltag überschwemmt, von der Bühne auf die Gassen stürzt, sich über unser Leben ergießt in wunderbaren Bildern."

Mit diesem Hölderlin sind die Lindenhöfler bei sich selbst, wie er wollen sie anders sein und dennoch dazugehören, wie er Grenzen überschreiten. „Wir befinden uns in Schwindel erregender Höhe", sagt Uwe Zellmer, „aber immer mit Bodenhaftung."

Ein fester Boden unter den Füßen erlaubt gewagte Sprünge. Der Melchinger Lindenhof, ein kleines Bühnenwunder, nimmt seine Zuschauer mit auf abenteuerliche Reisen, zu Inszenierungen unter freiem Himmel. Zum Beispiel „Eine Bahnfahrt ... und der Raum entschwindet". 300 Zuschauer saßen fünf Stunden und 90 Kilometer lang im Dampfzug auf einer Rundreise von und nach Tübingen. Die Schauspieler agierten in Waggons, Kleinbussen und Bahnhöfen. Vier Teams machten sich jeden Abend mit Stoppuhren und minutiösen Einsatzplänen auf den Weg und stellten entlang der Strecke lebende Bilder dar. Im katholischen Gomaringen zum Beispiel räkelten sich Huren und Zuhälter im Rotlichtmilieu, beim Bahnhof Belsen ließ sich ein Ehepaar vorm Schlafengehen beobachten, in Mössingen tanzten zwei Paare Tango auf dem Bahnsteig.

Mit solch theatralischen Seiltänzen erntet die Lindenhöfler Truppe Applaus. Einzigartig sei ihr Feuereifer auf hohem Niveau, lobt der Tübinger Rhetorikprofessor Walter Jens; „Deutschlands verwegenste freie Theatertruppe" nannte sie der *Spiegel.* Sie gewinnt Preise, das Publikum folgt ihr begeistert – manchmal in Mänteln, Handschuhen und Mützen wie etwa bei der dreistündigen „Melchinger Winterreise" von Szene zu Szene über die verschneite Alb, wenn Schauspieler und Zuschauer bei Temperaturen um minus 20 Grad frösteln.

Zu Hause in Melchingen spielen sie fünfmal die Woche vor 170 Zuschauern. So viele passen auf die Bänke der ausgebauten Scheune, die unter den frei gelegten Dachbalken gerade genug Raum bietet, um Stimmung aufkommen zu lassen, aber nicht so groß ist, als dass es schlechte Plätze gäbe. 25 Schauspieler gehören zum Ensemble. Tagsüber proben, abends spielen sie, dazwischen muss jeder auf die eine oder andere Art einspringen, weil das Geld knapp ist: Peter Höfermayer beispielsweise näht Vorhänge. Andere wirken nebenher als Kostümbildner, Handwerker oder Requisiteur. Schauspieler Stefan Hallmayer beklagte einmal das „krasse Missverhältnis zwischen der Beschäftigung mit Kunst auf der einen und Dachdecken auf der anderen Seite". Aber es war notwendig. „Einen großen Schauspieler, der keinen Hammer halten kann, hätten wir nicht genommen."

Solche Widrigkeiten sind vergessen, wenn es nach der Aufführung über den Hof in die Theaterkneipe geht. An diesem Abend hockt Bernhard Hurm ausgepumpt inmitten des Trubels und dreht das Weinglas zwischen den Fingern. Zwei Stunden hat er den Geizigen in Molières Komödie gespielt, die Thaddäus Troll frei ins Schwäbische übertrug und „Der Entaklemmer" taufte. Ein Stück über knickrige Schwaben, die den zweiten Advent mit einer Kerze vorm Spiegel feiern. „Der ‚Entaklemmer' ist geistreiche Unterhaltung, eine Parabel über Habgier und Geiz an der Grenze zum Irrwitz", sagt Bernhard Hurm. So was hätten sie in den ersten Jahren nie gespielt, keine Unterhaltung bitte. Damals wollten sie provozieren.

Dabei war's ein recht bürgerliches Umfeld, in dem alles begann: eine Reutlinger Berufsschule, an der Uwe Zellmer Deutsch und Sport unterrichtete und Bernhard Hurm sein Schüler war. „Berufsschule", sagt er, „das war kulturelles Brachland!" Getrieben vom „großen politischen Auftrag" gründeten sie eine Theatergruppe, lasen Brecht, Marx und Mao. Zellmer, der Friedensbewegte, unternahm Reisen in die DDR, 1977 sogar eine nach Rotchina, von der er als Maoist zurückkehrte. Nur knapp schrammte er an einem Berufsverbot vorbei.

Egal, sie wollten die Welt verbessern, träumten von Aufführungen in der Art des französischen Théâtre du Soleil, sahen sich schon als fahrende Truppe.

Bernhard Hurm holte ein paar talentierte Freunde aus seinem nahe gelegenen Heimatdorf Hirrlingen, Langhaarige und Kriegsdienstverweigerer wie er. Sie lebten zusammen in einer Kommune, auch noch, als Zellmer Vater wurde. Doch schließlich wurde es zu eng, gab es Eifersucht und Streit. Zellmer packte seine Sachen und haute ab, nach Italien.

Ein paar Monate später, er saß an einer Bar irgendwo in der Toskana, sah er Bernhard Hurm über den Hügel marschieren. Sie tranken Wein zusammen, gingen spazieren, dann zog Hurm eine Zeitung aus der Hosentasche: Der Gasthof Linde in Melchingen war für 395 000 Mark zu haben. „Ein guter Ort für ein Theater", sagte Hurm, damals 25. Zellmer, zehn Jahre älter, nickte und sagte: „Eine gute Gegend für Geschichten." Noch am selben Tag machten sie sich auf den Weg nach Melchingen und kauften das 100 Jahre alte Gehöft.

Wild, grün, friedensbewegt, ein Haufen von Freunden, Geliebten, Paaren zog ein. Kinder wurden geboren, Babys hinter der Bühne gestillt, die Mimen blieben fremd in diesem Flecken. Tausend Einwohner, hundert Scheunen und ebenso viele Traktoren, die Rinne zwischen Straße und Fußweg blitzblank gefegt. „Was macht ihr, fragten die Leute, und wir haben ‚Theater' gesagt", erzählt Bernhard Hurm. „Ja, aber was arbeitet ihr, fragten sie."

Die junge Gina Maas war damals frisch und streng katholisch verheiratet, als sich die verrückte Truppe in ihrem Dorf einnistete. Eine Vorstellung reichte, und Gina, 20 Jahre alt, wollte Schauspielerin werden. In dem Stück „Nacht oder Tag oder Jetzt" geht es um Katharina Memlerin, deren Geschichte Bernhard Hurm in der Melchinger Heimatchronik aufgestöbert hatte. Es spielt im Jahr 1596. Der Frau sterben innerhalb weniger Tage drei Kinder und ihr Mann an Pocken und Nervenfieber, daraufhin wird sie vom Dorf geächtet und als Hexe verbrannt. „Ein gnadenloses Stück Wirklichkeit“, sagt Bernhard Hurm, das zugleich die Kerntruppe formte. Die rehäugige Gina Maas arbeitete als Kellnerin in der Theaterkneipe, kümmerte sich nebenbei um die Requisiten und bekam schließlich eine Rolle in dem Stück „Bauern sterben“ von Franz Xaver Kroetz.

Auch dies ein Stück Wirklichkeit, nicht zuletzt angesichts vieler stillgelegter Höfe auf der Alb. Bei Kroetz verlässt ein Geschwisterpaar das elterliche Gehöft im Streit mit dem Vater, fährt in die Stadt und sucht sich eine Wohnung, im Gepäck das Kruzifix. Bald geht das Geld aus, der Bruder findet keine Arbeit. Gina Maas spielt die Schwester. Ihr Bruder, der sie doch behüten will, treibt es mit ihr, dann schickt er sie auf den Strich. Zutiefst erniedrigt geben sie auf und kehren heim. Doch die Eltern sind tot. Der Skandal war perfekt. „Eine Melchingerin spielt mit bei so einer Sauerei!“, hieß es im Dorf. „Ich wurde nicht mehr gegrüßt“, erinnert sich Gina Maas, „die Leute wechselten die Straßenseite, wenn sie mich sahen, mein Mann schämte sich. Ich wollte wegziehen.“ Auch die Mutter erhielt anonyme Briefe. Sie habe Gottes Segen nicht verdient und solle ihrer Tochter gefälligst die Stirn bieten. Über Nacht verschwanden Zündkabel aus den Autos der Schauspieler. „Kleine, harmlose Attentate“, sagt Stefan Hallmayer, der damals den Bruder spielte.

„Die Melchinger waren nicht unser einziges Problem“, brummt Uwe Zellmer, damals noch in der Rolle des Bürgerschrecks, heute, mit 55, Bauchansatz, Doppelkinn und dunklen Locken, eher ein Typ wie Balu der Bär. „Wir mussten den Lindenhof renovieren. Das brach uns fast das Genick.“ Der Wirtschaftskontrolldienst stellte unerfüllbare Forderungen, der Brandschutzbeauftragte auch. „Eines Tages standen wir mit dem Mann in der Scheune. Bernhard ging in die Ecke und heulte los.“ Das half.

Noch warf das Theater kaum etwas ab. Die 15 Schauspieler hielten sich mit BAföG, halben Lehraufträgen oder Kneipenjobs über Wasser. Als der CDU-Landtagsabgeordnete Paul-Stefan Mauz helfen wollte, drohten ihm die Bauern mit der Mistgabel, wenn er sich „für das Pack“ einsetzen würde. Doch unbeirrt machten die Lindenhöfler einmal im Monat Theater. Biografische Revuen über Jörg Ratgeb, den Maler und Widerständler des Bauernkriegs, oder über Eduard Mörike, den „nicht ganz dichten Dichter“. Allmählich schlossen die Melchinger Frieden mit dem Künstlervolk. Zunächst die Handwerker, die das Theater renovierten, dann der Fidel Feigle vom Lebensmittelladen, der eines Tages sagte: „Ihr kauft bei mir ei', und so isch der Fall für mich einwandfrei.“ Mit Geschichten von Thaddäus Troll holten Hurm und Zellmer die Dörfler in ihr Theater. Zuerst wurden die Frauen geschickt, um zu sehen, ob's was taugt. „Jetzt sind wir ein politisches Volkstheater, ein bissle mit Niveau, ein bissle mit Abitur“, sagt Zellmer. Finanziell immer noch ein Seiltanz. Irgendwie schaffen sie den Jahresetat von zwei Millionen, 60 Prozent davon spielen sie ein, das verbleibende Loch stopfen Subventionen.

„Es ist die Schwäbische Alb, und es ist der Himmel, es ist Melchingen, und es sind die Sterne, und beides zusammen macht den Reiz dieses einzigartigen Theaters aus,“ sagt Walter Jens, der bei jeder Premiere in der ersten Reihe sitzt. Und Peter Härtling, ebenfalls Stammgast, schießt ganz im Sinne Hölderlins übers Ziel hinaus: „Seid größenwahnsinnig bis zum Himmel!“

Uschi Entenmann, *Jahrgang 1963, ist als Reporterin ebenso bodenständig und aufbruchlustig wie die Lindenhöfler.* **Dorothea Schmid,** *Jahrgang 1955, lebt in Essen. Die freie Fotografin ist Mitglied der* Agentur Bilderberg.

▶ *Tipp Theater Lindenhof s. Magazin ab S. 130*

Berthold Biesinger probt mit Intendant Hurm das Klatschweib in Susanne Hinkelbeins „Berta und Marta“. Der kleine Kasimir ist als Komparse dabei

Neue Winzer hat das Land

Schon die Väter haben den Wein revolutioniert. Jetzt sind die Söhne dran

Text: Stuart Pigott

Ein Computer-Freak bin ich und musiziere mit virtuellen Instrumenten", erzählt Patrick Johner, während wir über den in eine goldene Oktobersonne getauchten Hof seines Elternhauses in Bischoffingen/Kaiserstuhl gehen. In Jeans und Sweatshirt, mit runden Brillengläsern und jungenhaftem Aussehen wirkt der 29-Jährige tatsächlich wie ein Computerfachmann. Doch nicht für eine solche Karriere hat er sich entschieden, sondern für etwas Gewagteres: für einen Beruf, der abhängig ist vom Boden, vom Wetter, von der Gunst der Genießer. Patrick Johner ist Winzer. Er profitiert dabei von der Fülle internationaler Kontakte seines Vaters, der vor nur 16 Jahren das Weingut Karl H. Johner gründete. „Zweimal habe ich die Weinlese in Burgund mitgemacht, später war ich in Australien und Neuseeland und habe auch dort mit den besten Winzern nächtelang Weine probiert", schwärmt er.

Patrick Johner und Vater Karl Johner, Gründer des Weinguts, verkosten ihren Roten

Die Welt zu umrunden hatte für Patrick Johner eine besondere Bedeutung. Diese Reise zeigte ihm, dass es im Weinbau unausgeschöpfte Möglichkeiten gibt. Denn auch bei guten badischen Weißweinen vermisst man Ausstrahlung sowie einen eigenständigen Stil. Bei den Rotweinen ist der Holzfass-Ton oft dominant, den Weinen fehlt es an Wärme, Geschliffenheit und Lebendigkeit.

„Man darf nicht in seinem Keller hocken bleiben und denken, es gäbe nichts besseres als den eigenen Wein. Man muss selbstkritisch bleiben, immer bereit sein, sich belehren zu lassen", sagt Patrick Johner bei der Führung durch den Betrieb. Die Kellerei wirkt denn auch, als sei sie aus den USA herübergebeamt worden, komplett mit Turm und einem Hightech-Keller, in dem Edelstahltanks blitzen: „Ich bin zum Wein über die Technik gekommen, aber auch da darf man nicht jeden Trend wie etwa den Einsatz aromafördernder Zuchthefen mitmachen."

Oben im Turm schenkt Patrick das Ergebnis der letztjährigen Ernte ein. Die trockenen Weißweine stammen aus Rebsorten, die seit langem in Baden heimisch sind – Grauburgunder, an reife Melonen erinnernd, und nach reifen Äpfeln duftender Rivaner. Aber auch aus kürzlich importierten Sorten wie Sauvignon Blanc, dessen Holunderbeeraroma mir entgegenspringt, und Chardonnay mit sattem Ananas-Ton. Schließlich steigen wir in den runden Fasskeller, um die noch nicht abgefüllten 2000er Spätburgunder-Rotweine zu probieren. Die Wände sind nüchtern-grauer Beton, die Weine jedoch tieffarbig, im Geschmack warm und elegant. Sie beweisen, welche Qualität ein tüchtiger Winzer in Baden erzielen kann, wenn er von den Rotweinproduzenten anderer Gebiete lernt.

„Ich habe diesen Beruf gewählt, um mit der Natur zu arbeiten, nicht mit Maschinen", sagt Markus Wöhrle aus Lahr mit Entschiedenheit. Es klingt wie ein Glaubensbekenntnis. Der Keller, den sein Vater Hans Wöhrle 1979 zusammen mit den Weinbergen des städtischen Weinguts übernommen hat, wirkt im Vergleich zum Johnerschen Anwesen bescheiden. Vor dem Verkosten der Weine zeigt Markus mir die terrassierten Rebberge der Familie hoch über Lahr. Dort inspiziert er fast bernsteinfarbene Grauburgunder- und tiefviolette Spätburgundertrauben sowie allmählich ins Gelbe übergehende Blätter. „Die Fruchtigkeit der Traube soll ins Glas", erklärt er. Die Beeren schmecken aromatisch und sind den Weg ins Glas zweifellos wert.

„Ich möchte Weine erzeugen, die zum Trinken animieren, und von denen man viel trinken kann", erklärt Markus bei der Verkostung. Doch die Weinwelt ist auf dicke Weine versessen, die Blindverkostungen gewinnen, aber beim Trinken eher anstrengend sind, wie manche Flaschen mit 15 Prozent Alkohol. Sein 2000er Weißburgunder Kabinett trocken entfaltet sich lebhaft und nussig und macht keine Zugeständnisse an Weinkritiker. Die 2000er Grauburgunder Spätlese trocken der Wöhrles verkauft sich nur schleppend: „Die Leute denken, der Wein sei süß, und sie probieren ihn nicht einmal." Irrtum. Mit seiner prickelnden Frische fängt er die Heiterkeit der Natur ein.

Vater-Sohn-Konflikte sind in der Weinbranche häufig die Ursache leidvoller Entwicklungen. Vater und Sohn Siegfried und Jochen Beurer in Kernen-Stetten in Württemberg zeigen ebenso wie die Familien Johner und Wöhrle, wie viel durch Zusammenarbeit und gegenseitigen Respekt ermöglicht wird.

In den neunziger Jahren fand in Württemberg eine Rotwein-Revolution statt, während die trockenen Weißweine vernachlässigt wurden. Jochen Beurer, 28, gehört zu den Begründern der gegenwärtigen Weißwein-Revolution. „Als wir 1997 aus der Stettener Winzergenossenschaft ausgestiegen sind und mit eigenen Weinen angefangen haben, war unser Keller eine provisorisch isolierte Garage", erzählt er. Der neue Keller ist inzwischen fertig, doch wurde nur wenig Kellertechnik eingebaut. „Wir wollen das herrliche Aroma und die Frische des Rieslings einfangen, dafür brauchen wir in erster Linie gute Trauben", erklärt er. Die Pfirsich- und Blütenaromen seiner 1999er Riesling Spätlese trocken tanzen im Glas, statt mit bleiernen Füßen zu humpeln, wie es in diesem Landstrich bei Weißweinen immer noch die Norm ist. Das ist die Zukunftsmusik des Weins in Baden-Württemberg, und sie hat einen herrlichen Klang.

Stuart Pigott, *Brite und Wahlberliner, schreibt eine wöchentliche Weinkolumne in der* Frankfurter Allgemeinen Sonntagszeitung *sowie für* Feinschmecker *und* Wein Gourmet.

MERIAN-EXTRA Tabak

Aus Baden-Württemberg kommt nicht nur Wein, sondern auch Tabak – ein Drittel der deutschen Gesamtproduktion.

„Tabak ist Kultur, die seit 400 Jahren in unserer Landschaft wächst." Hubert Bleile, Tabakbauer in Bad Krozingen bei Freiburg, setzt auf Tradition. Baden zählt zu den ältesten Tabakanbaugebieten Europas und steht in Deutschland mit 470 Tabakbetrieben vor Rheinland-Pfalz und Bayern.

Mit 60 Hektar Anbaufläche gehört Bleile zu den wichtigen Tabakproduzenten der Region, beschäftigt aber nur zwei Angestellte. Zur Erntezeit kommen 70 Aushilfen dazu. Tabakanbau ist arbeitsintensiv: „Im Frühjahr werden die Tabakpflänzchen einzeln aus dem Saatbeet genommen, in die Setzmaschine eingelegt und auf dem Feld ausgepflanzt", erzählt er. „Ende Juni beginnt die Ernte. Jedes der empfindlichen Blätter wird einzeln gepflückt." Neben Virginia, einer der drei großen Sorten auf der Welt, pflanzt Bleile vor allem Geudertheimer an. Diesen Tabak, der ursprünglich im gleichnamigen Ort im Elsass gezüchtet wurde, gibt es heute nur noch in Rheinland-Pfalz und Baden-Württemberg – dort mit rund 1700 Tonnen jährlich immerhin ein Drittel der Gesamtproduktion.

Geudertheimer schmeckt würzig und kräftig und ist deshalb ideal für Zigarren, Zigarillos und schwarze Zigaretten. Kein Zufall also, dass in den Dreißigern des letzten Jahrhunderts die Badische Tabakmanufaktur in Lahr die starken Marken Roth-Händle und Reval hervorbrachte. Die werden seit 1989 allerdings nicht mehr in Baden-Württemberg gefertigt, sondern in Berlin. In Lahr wird heute neben Zigarillos vor allem loser Tabak zum Selberdrehen und -stopfen hergestellt – wie vor 400 Jahren.

Zeppelins Erben

Friedrichshafen am Bodensee hat eine glanzvolle Vergangenheit und ist dank Hightech heute eine der reichsten Städte Deutschlands. Nur das Lebensgefühl muss noch an Höhe gewinnen

Der Zeppelin „Friedrichshafen“ schwebt über dem Bodensee. 1999 hatten 30 000 Zuschauer den Jungfernflug von LZ NO7 gespannt verfolgt

Text: Josef-Otto Freudenreich, Fotos: Andreas Lobe

Ein Flughäfele. **Die Passagiere sitzen in Halbhubers Bar & Shop, die kleine Bar ist die Brücke zwischen Abflug- und Ankunftsbereich. Von hier geht man zu Fuß übers Rollfeld zum Flugzeug.**

Das sei sehr praktisch, sagt Martin Demel, Pressesprecher der Zahnradfabrik Friedrichshafen (ZF), die weltweit 36400 Mitarbeiter beschäftigt. Wer es eilig habe, könne rasch einsteigen und abfliegen. Der gelernte Soziologe unkt, das schnelle Abreisen liege aber auch an den Fluchtinstinkten, die Friedrichshafen wecke.

Fliehen. Aus einer Stadt, die Geld hat, Arbeit, den Bodensee und Berge vor der Tür? Er kaufe seine Anzüge in Ravensburg, entgegnet Demel, und ziehe abends Konstanz und Lindau vor. Segeln auf dem See, Mountainbiking im Montafon, Skifahren in Zürs – alles gut und schön für die Waschbrettbäuche der Ingenieure und Techniker. Aber wo bleibe das urbane Leben? Die Zahnradfabrik könne zwar die besten Getriebe der Welt bauen, doch für das Flair seien andere zuständig. **Die Kritik ist ein wenig ungerecht, denn die Stadt ist jung, knapp 200 Jahre alt. Und was sie geschaffen hatte, die Rüstungsindustrie eingeschlossen, ist 1944 im Bombenhagel untergegangen.** Zwei Drittel der Häuser waren weg. Danach wurde keine Zeit mit Stadtplanung vertan, sondern das Nötigste aufgebaut, Wohnungen, Fabriken, Schulen. Deshalb führen alle Schilder, auf denen Altstadt steht, in die Irre. Es gibt sie nicht, nur ein paar blaue Täfelchen, die einen Geschichtslehrpfad ausweisen und daran erinnern, dass Friedrichshafen einst einen Salzstadel mit Satteldach hatte. Heute thront dort, direkt am zugepflasterten Bodensee-Ufer, die Sparkasse, eine klobige Trutzburg des Kapitals aus den siebziger Jahren, die von ihrem Nachbarn als architektonischer GAU empfunden wird.

Der Nachbar ist Wolfgang Meighörner. Er darf so etwas sagen. Der angesehene Historiker leitet das Zeppelin-Museum und hat das Glück, im ehemaligen Hafenbahnhof zu residieren, der in den dreißiger Jahren im Bauhausstil errichtet, im Krieg stark beschädigt, danach restauriert wurde. Meighörner beklagt das hastig Zusammengewürfelte der Stadt, das Herumbasteln am Kleinen, das Provinzielle. „Schauen Sie sich die Sünde vor meinem Museum an“, grantelt der gebürtige Münchner, „Blumenkübel, die wie überdimensionale Spucknäpfe aussehen.“

Der Stilbruch könnte kaum größer sein: Hier die klaren Konturen der Klassischen Moderne, dort die gewölbten Betonschalen voller Geranien. Das spiegele das Denken jener Friedrichshafener wider, die sich selbst gern als „Häfler“ bezeichnen. „Sie setzen das Detail gegen die große Linie, sogar die Mülltonnen werden innen mit dem Dampfstrahler gereinigt.“

Das ist sehr schwäbisch, sehr tüftelig, sehr streng und deshalb Baden-Württemberg im Brennglas. Hier sind die Schaffer zu Hause, die bei der ZF hochkomplizierte Sechs-Gang-Automatikgetriebe bauen, die größten Schaufelbagger der Welt (Zeppelin GmbH), die stärksten Schiffsmotoren (MTU), die anspruchsvollsten Erdbeobachtungssatelliten (Dornier). Nirgendwo sonst im Land ist Hightech-Industrie auf so engem Raum versammelt. Und alle spielen sie in der Champions League.

Nur die Stadt, in der die Unternehmen ihre Heimat haben, spielt zweitklassig. Meighörner spricht von zwei Welten, die unvereinbar scheinen. Von der Spannung zwischen Hightech und Geranienkästen, die auch durch das kulturelle Highlight, das Hafenkonzert des SWR, nicht aufzulösen sei.

Zeppelin, so hatten die Stadtväter lange gehofft, könnte das einigende Band sein. Hatten nicht die Kinder einst gesungen: **„Es lebe Zeppelin, der Graf / Er ist ein Held so groß und brav /**

Die Uferpromenade ist eine der schönsten und längsten am Bodensee. Doch die scheinbare Ferienidylle trügt. In der kleinen Hafenstadt drängen sich auf engstem Raum Unternehmen der Hightech-Industrie

Man weiß es noch in tausend Jahr / Was Herr von Zeppelin uns war.“ Vom Ruhm des Reitergenerals mit dem gewaltigen Schnurrbart zehrt Friedrichshafen noch heute. Das Stadion ist nach ihm benannt, das Gymnasium, das Tagungszentrum, am Kiosk ist die Zeppelin-Mütze für 61 Euro zu haben. Wenn jetzt der neue Zeppelin NT, der mit seinen 75 Metern länger ist als eine Boeing 747, über dem See schwebt, dann wünschen sie sich den Mythos zurück, der alle Häfler zu Zeppelinern gemacht hat.

Doch so einfach ist das nicht. Die Technik stiftet keine ausreichende Gemeinsamkeit mehr. Der Smart, den MTU-Mitarbeiter kostenlos für ein Jahr bekommen, bindet sie nicht an die Stadt. Ihr fehlt ein Gesicht, das Leben neben Fielmann, Viag Interkom und Quelle. Techniker und Ingenieure suchen das Zweckfreie auf den Terrassen ihrer Einfamilienhäuser, wo sie miteinander grillen. Kulturinteressierte weichen zu den Bregenzer Festspielen oder nach Konstanz ins Theater aus.

Thom Barth, der bedeutendste Maler der Region, und Bernd Lutze, der eigenwilligste Galerist, leiden darunter. Der eine grämt sich über die Grillkultur. Der andere, einst Sekretär von Horst Antes, provoziert mit „scheißmoderner Kunst“ und wundert sich, dass das Touristenbüro nicht weiß, dass es ihn seit mehr als 20 Jahren gibt.

Gewiss wünschen sich beide ihre Kultur am See. Nicht die Kunstmöblierung durch protzige Brunnen, kein Mahnmal für die Opfer des Nationalsozialismus, das zur putzigen Sitzgruppe aus bunten Ziegeln gerät,

Das Denkmal an der Uferstraße erinnert an Ferdinand Graf von Zeppelin, den Wohltäter der Stadt

keine Aquarelle von André Ficus, bei deren Anblick man Kaffee trinken möchte. Sie wollen den Kulturkampf zwischen Bodenständigkeit und Weltoffenheit, wollen einen Vorstandsvorsitzenden, egal ob von ZF, Zeppelin, Dornier oder MTU, der seinen Otto Dix nicht nur wegen der Wertsteigerung kauft. Dazu könnte auch das Wagnis zählen, sich auf die Weltkriege einzulassen, als Zeppeline Paris und London bombardierten. Oder auf die Tatsache, dass die „Hindenburg", die am 6. Mai 1937 auf dem US-Flughafen Lakehurst in einem Flammenmeer unterging, den Nazis als Propagandaschiff mit Hakenkreuzen diente. „Eine Debatte darüber", sagt Barth, „hat es in Friedrichshafen nie gegeben."

Sie könnte eine Möglichkeit sein, sich zu finden in der Stadt, die Barth manchmal wie eine leere Leinwand mit Flecken dünkt. In dem Unfertigen, dem Offenen könnten Visionen gedeihen, die in eine moderne Bildungs- und Kulturstadt münden, die mit der Hightech-Industrie lebt und nicht neben ihr.

Die Bürgermeister haben diesen Spagat nie gewagt. Sie waren die Vorsitzenden der stadteigenen Zeppelin-Stiftung, der bis heute sowohl die Zahnradfabrik als auch die Zeppelin GmbH gehört. In dieser Funktion führen sie die Aufsichtsräte, wachen über das Wohlergehen ihrer Unternehmen und sind darüber zu Managern der Industrie geworden.

Die Stadt ist auf diesem Weg zu einer der reichsten der Republik geworden. Bis zu 60 Millionen Mark hat sie von ihren Stiftungsbetrieben jährlich erhalten und vieles davon in Krankenhäuser, Kindergärten und Messehallen gesteckt. „Meine Vorgänger haben viel gebaut", bestätigt Josef Büchelmeier, „ich muss jetzt am Wir-Gefühl arbeiten." Büchelmeier ist seit März 2001 neuer Oberbürgermeister, mit dem viel neu werden kann. Zunächst einmal ist er Sozialdemokrat, was in dem konservativen Landstrich einer Sensation gleichkommt. Zum Zweiten ist der Sohn eines LKW-Fahrers und gelernte Lehrer kein Würdenträger im Nadelstreifen, sondern ein Lernender, der sein Wissen auch aus Halbhubers Bar am Flughafen bezieht. Der Joe, wie ihn die Häfler nennen, höre zu, sagt der Inhaber des Hotels Goldenes Rad, Kasimir Jehle, der früher nicht klüger war, wenn er aus dem Rathaus kam. Der Vorgänger, der Industrie-Stratege, habe ihm stets vermittelt, ihm inhaltlich nicht folgen zu können. Jehle ist der Neffe von Martin Walser und damit empfindsam gegenüber Missachtung.

Büchelmeier will diese Distanz überwinden, seine Bürger mit auf eine Reise nehmen, deren Weg in eine andere Richtung geht. Er will ein neues Friedrichshafen schaffen, eine Stadt, in der sich Kapital und Kultur nicht ausschließen, sondern befruchten, damit der Zeppelin am Himmel nicht die einzige Vision bleibt. „In einer barockschwangeren Landschaft, die zwischen Hightech und Heimatseligkeit ihre eigene kulturelle Identität sucht, ist ein karger Boden für Avantgarde" – so hat er einst einen Aufsatz über die Galerie Lutze eingeleitet. Die Avantgardisten Barth, Lutze und Meighörner helfen gewiss mit, diesen Boden zu beackern.

Josef-Otto Freudenreich, *Jahrgang 1950, ist Chefreporter der* Stuttgarter Zeitung. *Er kehrte für diese Geschichte in seine Heimat Oberschwaben zurück.* **Andreas Lobe,** *Jahrgang 1955, freier Fotograf aus Reutlingen, liebt die lebendigen Bilder, die sich am und über dem stillen Bodensee ergeben.*

MERIAN - INFO

Zeppelinrundflüge über den Bodensee können über die Deutsche Zeppelin Reederei (DZR) gebucht werden. Einstündige Rundflüge kosten werktags 335, am Wochenende 370 Euro. Buchungen unter Tel. (07 00) 93 77 20 01, Fax (0 75 41) 590 04 99 info@zeppelin-nt.de

Das **SÜDWEST PRESSE**-Land.

täglich mehr vom Leben

auf die Mischung kommt es an

Wir in Baden-Württemberg

Baden-Württemberg gilt als das Bundesland der Forschung und Innovation. Industrie, Wissenschaft und Entwicklung prägen die Arbeitswelt im SÜDWEST PRESSE-Land. Die Tüftler aus dem Schwabenländle - ein Synonym für die Innovationsregion Deutschlands und ein Grund, warum der Motor der Wirtschaft hier immer ein bisschen runder läuft. Von 904.000 Lesern bundesweit lesen allein hier täglich 851.000 Menschen die SÜDWEST PRESSE mit ihren 24 verschiedenen Zeitungstiteln. Damit ist sie eine der größten und meistgelesenen Regionalzeitungen in der Bundesrepublik.

Quelle: MA 2001

Alb Bote · Brenztal-Bote · Die Neckarquelle · Ehinger Tagblatt · Geislinger Zeitung · Gmünder Tagespost · Haller Tagblatt · Heidenheimer Zeitung · Heidenheimer Neue Presse · Hohenloher Tagblatt · Hohenzollerische Zeitung · Illertal Bote · Laichinger Tagblatt · Laupheimer Tagblatt · Metzinger-Uracher Volksblatt · Neckar-Chronik · Neue Kreis-Rundschau · NWZ Neue Württembergische Zeitung · Reutlinger Nachrichten · Schwäbische Post · Schwäbisches Tagblatt · Südwest Presse · Tauber-Zeitung · Zollern-Alb-Kurier

Im September 1909 startet LZ 6 vom Bodensee nach Berlin und zur Luftschifffahrt-Ausstellung in Frankfurt/Main

Traumschiff Luftschiff

Der Zeppelin ist ein deutscher Mythos – und offenbar unsterblich

Neun Würstchen aus Schokolade, verpackt in eine rosafarbene Pralinenschachtel. Oder doch eine Zeppelin-Salami? Der Shop im Zeppelin-Museum Friedrichshafen animiert. Das Luftschiff als Phallus-Symbol. Freud soll behauptet haben, dass ein Zeppelin besonders Frauen euphorisch macht.

Da mag etwas dran sein. Was jedoch am 2. Juli 1900 eine Menschenmenge, nicht nur Frauen, in die Bodenseebucht von Manzell lockte und zu Begeisterungsstürmen hinriss, war eher eine Märchenerscheinung: Nur eine Viertelstunde schwebte LZ 1 durch die Luft, aber er machte aus dem bis dahin als „Narr vom Bodensee" und „Dümmsten aller Deutschen" beschimpften Ferdinand Graf von Zeppelin einen Volkshelden, eine Identifikationsfigur für das nach nationalen Symbolen und Weltgeltung lechzende Volk. Nur das verwöhnte Militär, von dem sich der Graf weitere Aufträge erhoffte, blieb skeptisch: Für militärische Zwecke sei die Leistung der Motoren zu schwach. Nahezu bankrott, verschickte der Graf Spendenaufrufe und Bettelbriefe durchs Kaiserreich.

Nur der König von Württemberg hatte seinen ehemaligen Adjudanten von Anfang an unterstützt und ihm für den Bau des ersten Luftschiffes kostenlos ein Stück Land an der Bucht von Manzell überlassen. Für den Bau von LZ 2 bewilligte er 1905 eine Lotterie. Auch als im August 1908 das vierte Luftschiff bei Echterdingen von einer Windböe erfasst wurde, abtrieb und schließlich verbrannte, blieb der Württemberger seinem Zeppelin-Bauer treu und spendete 20 000 Mark. Ein Signal. Im vom Luftfahrtfieber gepackten Reich wurden mehr als sechs Millionen Goldmark eingesammelt.

Das Luftschiff konnte in Serie gehen. Während des Ersten Weltkrieges wurden 87 Zeppeline gebaut. In England und Frankreich wurden sie gefürchtet wie die neuen U-Boote. In 7200 Meter Höhe waren Zeppeline in den ersten Kriegsjahren für alle damals bekannten Waffensysteme unerreichbar.

Wenn sich heute der Freundeskreis der Zeppeliner in Friedrichshafen an jedem 8. Juli zum Geburtstag des Grafen trifft, schwelgen ehemalige Werftarbeiter, Ingenieure und Fluggäste in der Erinnerung an die heroische Epoche der Passagier-Luftschifffahrt der zwanziger Jahre, die erste Atlantiküberquerung 1924 mit LZ 126 und die gigantische Luftreise von 1929 mit LZ 127 „Graf Zeppelin" rund um die Welt.

Und auch das bittere Ende ist unvergessen. Am 6. Mai 1937 verbrannte LZ 129 „Hindenburg" binnen 34 Sekunden bei der Landung in Lakehurst in der Nähe von New York. 35 Passagiere und Besatzungsmitglieder kamen ums Leben. Die Katastrophe ernüchterte das Dritte Reich, die Passagierluftfahrt mit Zeppelinen wurde eingestellt. Anfang 1940 wurden die letzten deutschen Luftschiffe verschrottet.

Doch die Faszination lebte weiter. 1997 startete am Bodensee wieder ein Luftschiff. Zwölf Passagiere können in dem mit unbrennbarem Helium gefüllten „Zeppelin NT" über den See schweben. Im Bau ist ein weiteres Luftschiff in Brandenburg: Die Cargolifter AG konstruiert südlich von Berlin einen 260 Meter langen, fliegenden Schwerlasttransporter, der bis zu 160 Tonnen tragen und an jedem Zielort ohne Landeplatz absetzen kann. Eine Vision, die auf Skepsis stößt. Genau wie dem Grafen vor 100 Jahren fehlt dem Unternehmer Carl von Gablenz Geld: Vom Kapitalbedarf, 600 Millionen Euro, ist erst die Hälfte durch Aktionäre, Investoren und staatliche Fördermittel aufgebracht.

Gesine Kulcke

www.merian.de
Ihr Zugbegleiter
in den Urlaub.
MERIAN
Berlin
Extrastark:
MERIAN
live!
Sylt
Jetzt mit Kartenatlas
MERIAN
classic
Dresden
KULTUR MIT GENUSS
Neu! Extrakarte
KulTouren zu den Highlights
Jetzt mit großem Gewinnspiel.
Überall, wo's Bücher gibt.
Die Bahn DB
MERIAN
Die Lust am Reisen

Jorge Martins Rita
ist Portugiese und bekennender Häuslebesitzer. Mit Frau und Töchtern posiert er vor seinem besten Stück – einer altdeutschen Schrankwand

Neue Heimat

Jeder vierte Stuttgarter ist Ausländer. Aber Türken, Italiener oder Portugiesen sind längst eingebürgert, und manche von ihnen schaffen und schwätzen inzwischen schwäbischer als die Einheimischen

Text: Asmus Heß, Fotos: Cira Moro

Gökay Sofuoglu, Türke, weiß um die Eigenarten der Einheimischen: „Schwaben neigen dazu, Fremde erst mal zu ignorieren."

Es gibt Augenblicke, in denen droht Jorge Martins Rita vor Stolz fast zu platzen – zum Beispiel, wenn er die Vorzüge seines Häusles erläutert. Das Reihenendhaus im Stuttgarter Rotweg wirkt von außen eher schlicht, deshalb verschwendet der Mann aus Portugal keine Zeit mit der Besichtigung der Fassade. Rein geht's durch die Terrassentür ins Wohnzimmer, das von einer wuchtigen, auf altdeutsch getrimmten, braun schnörkeligen Schrankwand und dazu passender Sitzecke mit rosengemusterten Bezügen dominiert wird. „Ein schöner Schrank!", schwärmt Martins Rita.

Im ersten Stock kann er bei Präsentation von Schlaf- und Kinderzimmern noch an sich halten. Doch im Keller brechen dann alle Dämme. „Hier! Der Hobbyraum! Das Gästezimmer! Die Vorratskammer!" Martins Rita öffnet sogar die Tür zum Heizungsraum. Sein Häuschen hat er vor zwei Jahren erworben, und das Einzige, was noch an Portugal erinnert, ist der südländisch weiße Gartenkamin neben der Terrasse, Modell „Villarriba".

Jorge Martins Rita ist 45 Jahre alt und kam vor rund 30 Jahren nach Deutschland. Seit 24 Jahren ist er „beim Daimler" tätig, hat zuerst als Mechaniker in der Entwicklungsabteilung an Acht-Zylinder-Motoren gearbeitet und dann den Motor der A-Klasse mitentwickelt. Inzwischen arbeitet er in der Logistik. Er besitzt noch immer seinen portugiesischen Pass, aber im Herzen ist er längst Schwabe, liebt Spätzle, Maultaschen und braune Saucen zum Fleisch. Warum er sein Haus gekauft und nicht gemietet habe? „Schaffe, schaffe, Häusle baue", schwäbelt Martins Rita und grinst. Sollte er tatsächlich einmal nach Portugal heimkehren – was er sich nicht mehr vorstellen kann –, würde er sein Domizil natürlich nur vermieten. „Dann bleibt es meins, und ich kann immer wieder zurück."

So wie Martins Rita geht es vielen Ausländern in Stuttgart. Sie kamen, um Geld zu verdienen und dann bald wieder in ihre Heimat zurückzukehren. Doch oft wurde nichts daraus, viele blieben, verinnerlichten Mentalität und Gepflogenheiten ihrer deutschen Nachbarn und sind inzwischen oft schwäbischer als die Einheimischen. Bekenntnisschwaben.

Stuttgart hat mit rund 25 Prozent den höchsten Ausländeranteil deutscher Großstädte nach Frankfurt, doch die Einwanderer fallen in der Landeshauptstadt kaum auf. Gökay Sofuoglu, Vorsitzender der Türkischen Gemeinde Stuttgart, war „geschockt", als er vor einiger Zeit Berlin besuchte. „Neukölln hat mich an die Bronx erinnert", erzählt er, „so was gibt's in Stuttgart nicht. Wir sind, was die Integration angeht, zwei Jahrzehnte weiter."

Erstaunlich, denn Kontakt zu Einheimischen zu finden sei nicht ganz einfach, stöhnt Sofuoglu. „Die reden wenig und neigen dazu, einen erst mal zu ignorieren." Aber: „Die Schwaben tauen auf, wenn sie spüren, dass man guten Willens ist." Es gibt viele Gründe, warum Deutsche und Zuzügler in Stuttgart besser miteinander auskommen als anderswo: die niedrige Arbeitslosigkeit der Stadt; ihre Kessellage, durch die sich Einheimische und Zugereiste zwangsläufig näher kommen; das politische Klima, lange Zeit geprägt vom ehemaligen Oberbürgermeister Manfred Rommel, der für ein weltoffenes Stuttgart warb; und nicht zuletzt die „schwäbische Dominanzkultur", wie Gari Pavkovic, Ausländerbeauftragter der Stadt, witzelt. Die verlangt eine strikte Einhaltung der heimischen Regeln.

Dieses Zuckerbrot-und-Peitsche-Programm wird allen Einwanderern serviert, auch denen aus Hamburg oder Dresden. Wer es erfüllt, hat nichts zu befürchten. Wer aber beispielsweise

Carmela Cocci und Domenico De Palma (rechts) kennen ihre Heimat Italien nur aus dem Urlaub und spielen Boccia für Deutschland

gegen den Reinlichkeitsfimmel im Ländle verstößt, muss mit sozialer Ächtung rechnen. Die Kehrwoche – ein Putzplan für Treppenhaus und Straße, der in jedem Mietshaus aushängt – vergisst man nur einmal, weil dann sofort der schwäbische Nachbar vor der Tür steht und übellaunig Besserung anmahnt. Widerstand? Ist zwecklos. Doch der ist auch gar nicht nötig, denn vielen Einwanderern ist der Regelkanon inzwischen in Fleisch und Blut übergegangen. „Alteingesessene Türken kommen zu mir und beschweren sich, wenn junge Deutsche die Kehrwoche ignorieren", berichtet Sofuoglu.

Über Nachbarn, denen das Gefühl für Sauberkeit und Ordnung fehlt, können auch Zeynep Göcer, 34, und ihr Mann Necdet, 36, nur den Kopf schütteln. Das türkische Ehepaar achtet darauf, dass Tochter Özge und Sohn Özgün, zehn und sieben Jahre alt, keinen Müll auf den Boden werfen. Und Vater Necdet beteiligt sich regelmäßig an den jährlichen „Let's Putz"-Aktionen, bei denen Freiwillige in Wald und Flur den Müll aufklauben.

Während seine Frau türkischen Tee und deutsches Knabbergebäck in der Wohnküche serviert und angelegentlich ein paar Minikrümel vom Tisch

Familie Göcer fegt zur Kehrwoche regelmäßig vor der eigenen Tür und schwärmt sogar freiwillig aus, um Wald, Feld und Flur vom Müll zu säubern

Attilio Parisotto lebt seit 40 Jahren in Stuttgart, fegt, kocht und schrebert für Frau und Kinder. In seinem Garten wächst alles in Reih und Glied. Wer so penibel ist, darf bei den Schwaben auf rasche Anerkennung hoffen

wischt, fragt Necdet: „Sollen wir hochdeutsch reden oder schwäbeln?" Die Frage erübrigt sich, denn Hochdeutsch gehört nicht zu Göcers bester Disziplin – im Dialekt hingegen macht dem Bosch-Angestellten keiner was vor. Wie seine Frau kam auch er schon in jungen Jahren nach Deutschland, und als er 1986 bei Bosch am Montageband anfing, „haben sich meine türkischen Kollegen halb totgelacht, wenn ich versucht habe, türkisch zu schwätzen".

Die beiden Göcers besitzen inzwischen deutsche Pässe, doch hätten sie die Wahl gehabt, wären sie Doppelstaatler geworden: Zeynep brauchte Jahre, bis sie schließlich bereit war, ihren türkischen Pass herzugeben. Es ist nicht immer einfach, Bekenntnisschwabe zu sein. „Wir bewegen uns in einer gespaltenen Welt", sagt Necdet. In politischen Diskussionen verteidigen er und seine Frau die Deutschen gegenüber den Türken und die Türken gegenüber den Deutschen. Necdet empfindet sich als ehrgeizig, er plant voraus, will die Zukunft sichern. Das sei sehr schwäbisch, meint er. Wiederum feilsche er sehr gern, „da bricht der Türke in mir durch. Der Schwabe aber kann nicht feilschen, der kann nur geizig sein." Bei Kneipenabenden mit Kollegen beteuert er manchmal, er würde ja gern alles zahlen, aber „heut' ist der Schwabe dran". Am nächsten Abend heißt es dann: „Jungs, heut' bin ich Türke. Ich übernehm' die Runde."

Das Wirrwarr der Identitäten treibt bisweilen skurrile Blüten. So wird die Bundesrepublik beim Boccia schon mal von Italienern aus Stuttgart vertreten, die nach Südafrika, Holland oder in die Türkei reisen, um dort Ehre und Ruhm des deutschen Heimatlandes zu mehren. Für ein Vier-Nationen-Turnier in der Schwarzmeer-Region wollte Carmela Cocci, 48, vom italienischen Sport- und Kulturverein Arces eine Deutschland-Fahne besorgen – lief aber bei der Stadtverwaltung ins Leere, „die hatten keine". Nach langem Suchen fand sie den schwarz-rot-goldenen Stoff in einem Krimskrams-Geschäft in der Stuttgarter Innenstadt. Auf die Reise in die Türkei nahmen die Italiener allerdings auch ihre eigene Flagge mit – was sich als wohl überlegt herausstellte, denn die Ungarn hatten ihre vergessen, liehen sich die italienische aus und drehten sie um 90 Grad, wodurch sie zur ungarischen Trikolore wurde. „Danach waren alle glücklich", erzählt Cocci.

Dass der italienische Verein Arces mit seiner Boccia-Mannschaft Deutschland repräsentiert, findet Cocci völlig normal. Das mag an ihrem Lebensgefährten Domenico De Palma, 60, liegen, der zwar seit 35 Jahren Vorsitzender des rund 300 Mitglieder starken Vereins ist, aber Italien eigentlich nur aus dem Urlaub kennt. „Meine Lebensart ist schwäbisch", sagt De Palma. Kein Wunder, dass er die Ruppigkeit italienischer Drängler beim Schlangestehen hasst und Autofahren in Neapel für eine Katastrophe hält. Auch der italienischen Bürokratie kann er wenig abgewinnen, Pünktlichkeit und Ordnung sind ihm inzwischen ein Bedürfnis.

Sein Landsmann Attilio Parisotto, 57, kann da nur zustimmen. Er ist sicherlich der schwäbischste Ausländer Stuttgarts. Oder, wie Parisotto sagt: „Die Leute glauben nicht, dass ich aus Italien komme." 40 Jahre lebt er im Ortsteil Degerloch, hat 1973 seine deutsche Frau Jutta kennen gelernt und vor 20 Jahren ein Haus gekauft. Der gelernte Maurer arbeitete eine kleine Ewigkeit als Zusteller bei der Post, trug in 25 Jahren mehr als eine Million Pakete aus. Wenn jemand seinen Namen nicht verstand oder mäkelte „Parisotto? Des isch aber net schwäbisch!", erwiderte er: „So wie Paris und dann Otto." Das konnte sich jeder merken.

Parisotto ist pensioniert, organisiert den Haushalt, seine Frau arbeitet als Bildtechnikerin halbtags beim SWR. Er putzt, räumt auf, kauft ein, kocht für die Kinder Miriam, 20, und Daniel, 17, und hat endlich Zeit, im Garten zu schaffen. Dort steht er in der Sonne, blinzelt durch die Brille und freut sich über den Kirschbaum und die akkurat angelegten Gemüsebeete, die von einem Gartenzwerg samt Schubkarre bewacht werden. In Parisottos Gärtchen hat Unkraut keine Chance. „Wenn man hier im Schwabenländle sieht, dass einer tüchtig ist, wird der sofort integriert."

Doch nicht nur die Arbeitslust, auch die schwäbische Sparsamkeit vertritt Parisotto mit Überzeugung. Er habe keinen Wäschetrockner angeschafft, „weil der Strom verbraucht und Wäsche auch so trocknet", berichtet er mit Blick auf seine voll gehängte Wäscheleine und zeigt dann zum Nachbarhaus hinüber, doppelt so groß wie sein eigenes: „Da leben gerade mal zwei Leute drin. Ja, wer soll denn da die Energiekosten bezahlen?"

Italien? Nun ja, ein schönes Urlaubsland, und ein paar alte Schulkameraden gibt es dort auch noch. Ansonsten „verbinden uns mit Italien vor allem die Wärme und das gute Wetter", sagt seine Frau. Auf Sonne mag Attilio Parisotto nicht verzichten, da ist ihm Stuttgart gerade recht. „Wie kann man als Italiener ins nasse und kalte Hamburg ziehen?", fragt er oft. „Die Italiener in Hamburg, die müssen verrückt sein."

Asmus Heß, *Jahrgang 1968 und norddeutscher Wahlberliner, ließ sich von Bekenntnisschwaben süddeutsche Lebensart erklären und schwätzt jetzt auch drei Worte Schwäbisch.*

Cira Moro, *Jahrgang 1955, ist Italienerin und lebt seit 20 Jahren als Bekenntnisdeutsche in Schwaben.*

Prämie 4
Praktisch, formschön, scharfe Optik. Zusammengeklappt in der Transportbox misst das Fernglas aus der Zeiss Design-Selection gerade mal 7,5 x 4,5 x 10,5 cm. Vergrösserung: 4x, Objektivdurchmesser: 12mm, Zuzahlung: € 75.

MERIAN im Abonnement

Für die Vermittlung eines neuen MERIAN-Abonnenten bedanken wir uns

Empfehlen Sie Ihren Bekannten MERIAN: 12 Ausgaben im Jahr für € 76,40 statt € 90,– bei Einzelkauf (15% Preisvorteil). Und schon ist Ihre Wunschprämie zu Ihnen unterwegs.

Prämie 1 bis 3
So sportlich wie individuell: eine Sonnenbrille von Bogner. Nahezu unzerbrechlich durch die Verwendung von hochwertigem Polycarbonat, mehrfach Antireflex beschichtet, 100-prozentige UVA-A-B-C Absorption bis 400 NM.

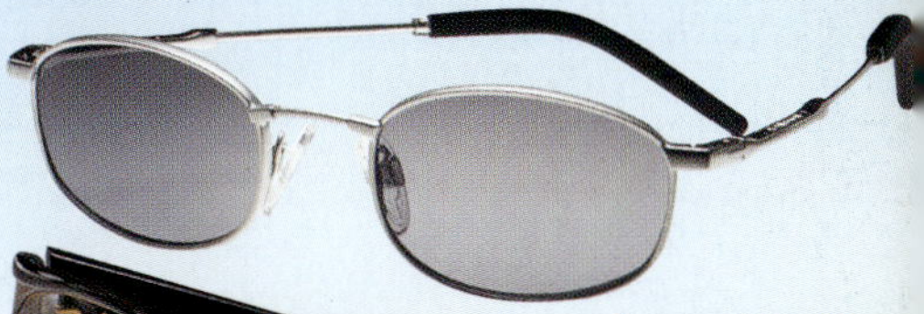

3. Herrenmodel in silber, Zuzahlung € 49,–

1. Damenmodel in braun, ohne Zuzahlung

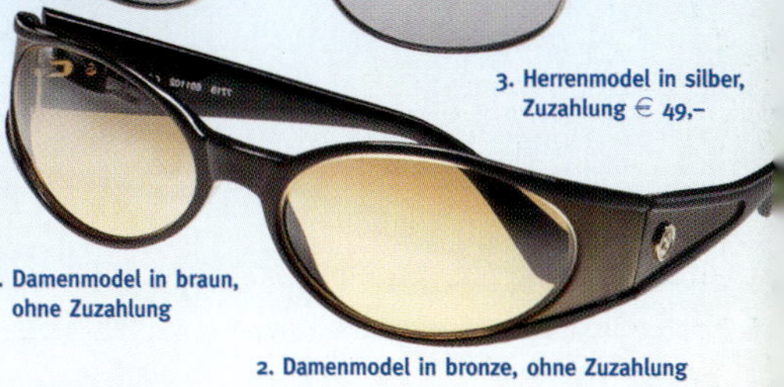

2. Damenmodel in bronze, ohne Zuzahlung

MERIAN im Abonnement

Wenn Sie MERIAN selbst abonnieren, bedanken wir uns

Wenn sie MERIAN selber lesen möchten, erhalten Sie ebenfalls 12 Ausgaben im Jahr mit einem Preisvorteil von 15%. Und dazu: einen opulenten Bildband Ihrer Wahl.

Dankeschön 1
Der Bildband „Baden-Württemberg“ zeigt auf 220 Farbfotos den ganzen Reiz und die Vielfalt dieses Bundeslandes. Silberburg-Verlag, 192 Seiten, gebunden.

Dankeschön 2
Der Bildband „Die Schwäbische Alb“ porträtiert diese faszinierende Region vom Randen bis zum Ries. Silberburg-Verlag, 176 Seiten, 187 Farbfotos, gebunden.

Sie interessieren sich für eine bestimmte Reiseregion und Ihr Wunschziel ist nicht über diese Postkarte bestellbar? Unter **www.merian.de** finden Sie das komplette MERIAN-Programm.

MERIAN zum Nachbestellen

Haben Sie eine Ausgabe verpasst?

Dann bestellen Sie einfach und bequem Ihre Wunschtitel aus dem umseitigen Heftangebot. Sie erhalten jede Ausgabe von MERIAN für € 7,50 inklusive Porto und Verpackung. Abonnenten bezahlen den Vorzugspreis von nur € 6,37.

Jetzt auch erhältlich:
die MERIAN extras „MS Europa“ (€ 7,50; € 6,37 für Abonnenten) und „Das neue Ruhrgebiet“ (€ 5,–; € 4,27 für Abonnenten)

Prämie 1 bis 3
So sportlich wie individuell: eine Sonnenbrille von Bogner. Nahezu unzerbrechlich durch die Verwendung von hochwertigem Polycarbonat, mehrfach Antireflex beschichtet, 100-prozentige UVA-A-B-C Absorption bis 400 NM. Zuzahlung: € 49. (Gilt nur für das Herrenmodell.)

Prämie 4
Praktisch, formschön, scharfe Optik. Zusammengeklappt in der Transportbox misst das Fernglas aus der Zeiss Design-Selection gerade mal 7,5 x 4,5 x 10,5 cm. Vergrösserung: 4x, Objektivdurchmesser: 12mm, Zuzahlung: € 75.

Mit MERIAN das ganze Jahr auf Reisen

Einfach und bequem: Mit gegenüberstehenden Postkarten können Sie MERIAN abonnieren oder Ihre Wunschtitel nachbestellen.

MERIAN
Die Lust am Reisen

MERIAN-Impressum

Gegründet 1948 im Hoffmann und Campe Verlag zu Hamburg

Herausgeber: Manfred Bissinger
Chefredakteure: Emanuel Eckardt, Wolf Thieme
Stellvertretende Chefredakteurin: Gesa Engelschall
Textchefs: Otmar Jenner, Charlotte von Saurma
Art Directorin: Sabine Lehmann
Chef vom Dienst: Tibor M. Ridegh
Redakteurinnen: Kathrin Sander, Charlotte von Saurma
Konzeption dieses Heftes: Zeitenspiegel, Weinstadt
Redaktion dieses Heftes: Barbara Schaefer, Erdmann Wingert
Magazin: Peter Würth
Schlussredaktion: Tibor M. Ridegh (Vertretung: Jasmin Wolf)
Dokumentation: Jasmin Wolf
Mitarbeit: Theo Barth, Uschi Entenmann, Markus Grill, Bernd Hauser, Asmus Heß, Frauke Meyer, Cira Moro, Rainer Nübel, Stefan Scheytt, Erdmann Wingert, Josef-Otto Freudenreich, Annette Goebel (alle Zeitenspiegel), Thomas Hammer, Dr. Birgit Haustedt, Vincent Klink, Christian Litz, Niklas Maak, Hanns-Josef Ortheil, Stuart Pigott, Andreas Weber
Layout: Dorothee Schweizer (stellvertr. Art Directorin), Ingrid Koltermann, Cornelia Böhling, Beate Meding
Bildredaktion: Eva M. Ohms, Hanni Rapp
Bildredakteurin dieses Heftes: Petra Mellmann
Kartographie: Peter Münch
Verlagsleitung: Peter Rensmann
Herstellung: Heidrun Seven
Gesamt-Anzeigenleitung (verantw.): Roberto Sprengel
Anzeigenleitung: Christel Janßen
Anzeigenstruktur: Patricia Hoffnauer
Vertriebsleitung: Stefan Zastrutzki (Zeitschriftenhandel), Jan Wiesemann (Buchhandel)

MERIAN erscheint monatlich im Jahreszeiten Verlag GmbH Poßmoorweg 5, 22301 Hamburg Tel. 040/27 17-0 Fax 040/27 17-20 56.

Anschrift der Redaktion: Harvestehuder Weg 42, 20149 Hamburg, Postfach 130444, 20139 Hamburg, E-Mail: Redaktion@Merian.de Tel. 0 40/441 88-0 Fax 040/441 88-3 10

Website: www.merian.de
Leserservice: Postfach 601220, 22212 Hamburg, Tel. 040/87 97 35 40 Fax 040/27 17-20 79

Gültige Anzeigenpreisliste: Nr. 37b.

Preis im Abonnement monatlich 6,37 €, inklusive Zustellung frei Haus. Der Bezugspreis enthält 7% Mehrwertsteuer. Postgirokonto Hamburg 132 58 42 01 (BLZ 200 100 20), Commerzbank AG, Hamburg, Konto-Nummer 611657800 (BLZ 200 400 00)
Führen in Lesemappen nur mit Genehmigung des Verlages.
Printed in Germany.

Litho: Alphabeta Druckformdienst GmbH, Hamburg.

Druck und Verarbeitung: heckel GmbH, Nürnberg.
ISBN: 3-7742-6713-8

MERIAN (USPS No. 011-458) is published monthly. The subscription price for the USA is $ 110 per annum.
K.O.P.: German Language Publications,Inc.

Bildnachweis

Anordnung im Layout: o=oben, u=unten, r=rechts, l=links, m=Mitte.
Titel: Joachim Messerschmidt/ Bavaria; S. 3 Antonina Gern; S. 4 m Andri Pol, u Stefan Warter; S. 4/5 K.-H. Raach/Look; S. 5 o Olaf Gollnek/Jahreszeiten Verlag, u Dorothea Schmid; S. 6 o Dorothea Schmid, u Zeitenspiegel; S. 8 o Stock-Food, m Karger/Schapowalow, u Save; S. 10 o Photo Selection, m DPA, u Action Press; S. 12/13 Reinhard Schmid/ Huber; S, 14 Peter Rigaud; S. 15 o Jörg Heimann/Bilderberg, u Thomas Ernsting/Bilderberg; S. 16/17 Manfred Grohe; S. 18 o, 19 Werner Mahler/Ostkreuz; S. 18 u Messerschmidt/Zefa; S. 20/21, 22 Clemens Emmler/laif; S. 23 Andreas Lobe/Zeitenspiegel; S. 24 Andreas Hub/laif; S. 28-34 Norbert Enker; S. 36 Burghard Hüdig; S. 39 Raach/Look; S. 40-46 Helmut Wachter; S. 48-56 Pol; S. 58/59 Stefan Warter; S. 60 Dirk Weyhenmeyer; S. 61 Porsche AG; S. 62 Markus Kirchgeßner; S. 64 Cira Moro/ Zeitenspiegel; S. 69, 70 Thomas Pflaum/Visum; S. 72-81 Wilfried Bauer; S. 82 Mahler/Ostkreuz; S. 85, 86 Theodor Barth/Zeitenspiegel; S. 88 Klaus Schultes/ Action Press; S. 90-98 Dorothea Schmid; S. 100, 102-106 Lobe/Zeitenspiegel; S. 108 AKG; S. 110-114 Moro/Zeitenspiegel; S. 117 Frank Lukasseck/Zefa; S. 118 Lobe/Zeitenspiegel; S. 128 Reinhart Wolf/Bilderberg; S. 129 o Sven Picker/plus 49, u DPA; S. 130/131 Frieder Blickle/Bilderberg; S. 133 Mahler/ Ostkreuz; S. 134 Rainer Fieselmann/Baden-Württemberg Bildardarchiv; S. 142/143 AKG.

MERIAN service
Baden-Württemberg

Blumeninsel Mainau: Aus dem halb verwilderten Eiland machte Graf Bernadotte in jahrzehntelanger Arbeit ein botanisches Schmuckstück

Jede Kuh hat ihren eigenen Charakter: Das lernt man schnell im Urlaub auf dem Land

Die große Freiheit auf dem Land

Ferien auf dem Bauernhof bieten den Stadtmenschen Abenteuer mit Kuh und Pferd

Zuerst ein paar Daten über Gerda: Gedeckt am 6.7.2001, Ohrmarke Nr. 82952. Gerda hat breite Hüften und ein braunes Fell, ist stur und aggressiv: Wenn alle zur Weide wollen, bleibt sie im Tor stehen, dreht sich um und stößt mit ihren Hörnern die anderen Kühe in den Stall zurück. Gerda ist die Chefin, das wissen alle: Inge, Vroni, Olga und auch Bauer Alfred Badstuber in Leutkirch im Allgäu. „Manche Kuh hat ihren eigenen Kopf, jede aber ihr eigenes Euter," sagt er. Am Euter erkennt er seine Kühe und merkt, dass sich die sture Gerda mal wieder auf Olgas Platz gestellt hat. „Gerdas Zitzen sind klein und liegen eng beieinander, Olgas Euter dagegen ist so groß wie ihre Geduld", sagt Badstuber. Er hängt die Saugnäpfe der Melkmaschine an ihre schweinsrüsselgroßen Zitzen, lässt aber noch Milch zum Melken mit der Hand drin. Die Gäste auf seinem Bauernhof sollen sehen können, dass Milch nicht aus der Fabrik kommt.
Geschickt melkt Marina, 16, Olgas Zitzen. Sie hat schon 20 Mal auf dem Hof der Badstubers Urlaub gemacht, die Schweine gefüttert, den Hühnerstall geputzt, dem Kalb Milch gegeben. Am liebsten sattelt sie den Hengst und galoppiert über die Wiesen um den Einsiedlerhof bei Leutkirch.
Im Winter stecken die Badstubers für die Besucher eine Rodelbahn mit Fackeln ab oder bauen Schneemänner. Eier, Milch und Allgäu-Käse vom Hof gibt's das ganze Jahr. „Auf dem Bauernhof," sagt das Stadtmädchen Marina, „kann ich machen, was ich will."
800 Bauernhöfe wie den der Badstubers stellt der Katalog des Vereins Urlaub auf dem Bauernhof in Baden-Württemberg vor. Im Hightech-Ländle gehören auch sie zu den innovativen Unternehmen – schließlich stammt die Idee für den Urlaub bei Bauern aus Baden-Württemberg. Die meisten Höfe halten Vieh, selbst Obstbau- oder Winzerbetriebe wie der von Hildegard Keil. Ihre Gäste sind umso willkommener, je länger sie bleiben, viele Bauern akzeptieren aber auch Einzelübernachtungen. *Tilman Wörtz*

Xaver Badstuber (F 8), 88299 Leutkirch, Ortsteil Freihalde-Ausnang, Tel./Fax (075 61) 34 63, 2 Personen ab 31 € incl. Frühstück
Hildegard Keil (E 3), 74629 Pfedelbach, Ortsteil Alt Renzen Tel. (079 49) 528, Fax 94 06 45, DZ ab 36 €, Obst- und Weinbaubetrieb mit Pferden und Kleintieren. Mitarbeit möglich
Herbert Hofmeier (B 7), Scherzingerhof, Windeck 15 79856 Hinterzarten, Ortsteil Windeck, Tel. (0 76 52) 396, Fax 769 Viele Tiere, Reitlehrer und Ausritte ins Feldberggebiet, pro Person 23 €
Urlaub auf dem Bauernhof in Baden-Württemberg e.V. (A/B 7), Friedrichstraße 41, 79098 Freiburg Tel. (07 61) 271 33 90, Fax 28 77 75, www.urlaub-bauernhof.de

Die Bewertungen:

Alle Adressen im Service-Magazin sind Empfehlungen der MERIAN-Redaktion. Hotels, Restaurants, Clubs und Cafés kann zusätzlich ein Merian-M als Auszeichnung für besondere Leistungen über unsere Empfehlungen hinaus verliehen werden.
M sehr gut
M M herausragend
M M M nicht zu übertreffen

Alle mit einem MERIAN-M ausgezeichneten Adressen erhalten MERIAN-Urkunde und -Sticker (auf Anfrage).

Ramada-Treff-Hotel Aalen
(F 4), Osterbucher Platz 1
73431 Aalen
Tel. (073 61) 94 40, Fax 94 45 50
www.treff-hotels.de
aalen@ramada-treff.de
DZ ab 135 €
Modern an historischem Ort, mit den Limes-Thermen durch eine Glasarkade verbunden: Baden wie die Römer auf 5800 qm in 34 Grad warmem Thermalwasser.

Brenner's Park-Hotel & Spa
(B/C 4), Schillerstraße 4-6
76530 Baden-Baden
Tel. (072 21) 90 00, Fax 387 72
www.brenners.com
reservations@brenners.com
DZ ab 250 € M M
Feine, antike Möbel in Zimmern mit fürstlichen Höhen, marmorverkleidete Bäder. Wellness-Wonnen wie Shiatsu, Lomi-Lomi und Lulur-Behandlung . Auch das Veranstaltungsprogramm bietet Besonderes: Botschaftergespräche und medizinische Vorträge, Vernissagen und Konzertabende.

Bareiss
(C 5), Gärtenbühlweg 14
72270 Baiersbronn-Mitteltal
Tel. (07442) 470, Fax 473 20
www.bareiss.com
info@bareiss.com
DZ ab 159 € M M M
Renommiertes Ferienhotel, 2000 qm große Badelandschaft, reiches Freizeitangebot. Spitzenküche mit zwei Michelin-Sternen (▶ s. S 124).

Traube Tonbach
(C 5), Tonbachstraße 237
72270 Baiersbronn-Tonbach
Tel. (074 42) 49 20, Fax 49 26 92
www.traube-tonbach.de
info@traube-tonbach.de
DZ ab 184 € M M M
Komforthotel im noblen Landhausstil. Sauna- und Badelandschaft, Golf und Tennis. Restaurant unter Chefkoch Harald Wohlfahrt, an dem sich Deutschlands Köche seit über einem Jahrzehnt messen lassen müssen (▶ s. S. 124).

Mönchs Posthotel
(C 4), Dobler Straße 2
76328 Bad Herrenalb
Tel. (070 83) 74 40, Fax 74 41 22
www.moenchsposthotel.de
info@moenchsposthotel.de
DZ ab 130 € M
Romantisches Fachwerkhotel der gehobenen Klasse. Golfplatz mit 9 Löchern, Beauty-Farm. Französische Küche.

Kleber-Post
(E 7), Poststraße 1
88348 Bad Saulgau
Tel. (075 81) 50 10, Fax 50 14 61
www.ringhotels.de
kleberpost@ringhotels.de
DZ ab 92 €
Feines Hotel, recht herrschaftlich für den kleinen Kurort, jedoch mit gutem Preis-Leistungsverhältnis. Die Zimmer sind in Rot, Gelb oder Grün gehalten, bei der Austattung wurden auch die Wünsche von Allergikern, Gehbehinderten und Nichtrauchern bedacht.

Bühlerhöhe
(B 5), Schwarzwaldhochstraße 1
77815 Bühl
Tel. (0 72 26) 550, Fax 557 77
www.buehlerhoehe.com
info@buehlerhoehe.de
DZ ab 260 € M M
Königlich wohnen mit Bodyguard und Dolmetscher; der passende Rahmen für Festspiele, Rennwoche und Spielbank. Wer beim Roulette gewonnen hat, kann sich für 2150 € (ohne Frühstück) in der Max-Grundig-Suite betten. Wäscherei, Fahrerservice zu den Flughäfen Frankfurt, Stuttgart und Basel.

Erbprinz
(C 4), Rheinstraße 1
76275 Ettlingen
Tel. (072 43) 32 20
Fax 32 23 22
www.erbprinz.de
info@erbprinz.de
DZ ab 150 € M M
Moderner Luxus mit historischem Flair in kleinstädtischer Umgebung vor den Toren Karlsruhes. Das Haus existiert seit 214 Jahren.

Colombi
(A/B 7), Rotteckring 16
79098 Freiburg
Tel. (07 61) 210 60, Fax 314 10
www.colombi.de
rezeption@colombi.de
DZ ab 187 € M M
Schönes Haus mit feudalem Entree in zentraler Lage gegenüber dem Münster. Feine Stoffbezüge auf den Möbeln, Livemusik in der Bar, Fitness-Raum, Beauty-Farm, Dampfbad. Das vortreffliche Restaurant hat einen Michelin-Stern.

Zum Ritter St. Georg
(C/D 2), Hauptstraße 178
69117 Heidelberg
Tel. (062 21) 13 50
Fax 13 52 30
www.ritter-heidelberg.de
info@ritter-heidelberg.de
DZ ab 155 €
Mitten in der Altstadt. Hinter kunstvoller Renaissance-

Schwarzwald-Romantik: Mönchs Posthotel in Bad Herrenalb

Fürstlicher Golfplatz: Zum Schloss Weitenburg gehört ein 18-Loch-Course

Fassade gut bürgerlich eingerichtete Zimmer, einige mit Blick auf das Schloss. Küche mit Spezialitäten aus der Region, bei schönem Wetter wird im Freien serviert.

Berghotel Jägerhof

(F 8), 88316 Isny
Tel. (075 62) 770, Fax 772 02
www.berghotel-jaegerhof.de
berghotel-jaegerhof@t-online.de, DZ ab 82 € M

Großes, modernes Landhotel mit mehreren Häusern und weitem Blick über den Bregenzer Wald bis zu den Schweizer Alpen. Bekannt wegen seiner feinen Allgäuer Küche und als Tagungsort von Politikern. Thermalbad und Beauty-Farm im Haus.

Schassbergers Kur- und Sporthotel Ebnisee

(E/F 4), Winnender Straße 10
73667 Kaisersbach
Tel. (071 84) 29 20
Fax 29 22 04
www.schassbergers.de
info@schassbergers.de
DZ ab 107 € M

Landhotel in Familienbesitz mit hohem Freizeit- und Fitnesswert: Golfübungswiese mit Putting Green und Driving Range Cage, Kraftraum, Tennishalle, Squashplätze, Wandern im Schwäbischen Wald, Rudern auf dem See. Zum Verwöhnen sind Fußreflexzonen-Therapie, Body Contour Wrapping, Kneipp-Bäder, Fangopackungen und Sauna. Hausherr Ernst-Ulrich Schassberger ist Präsident des Spitzenköche-Verbands Eurotoque und verwöhnt seine Gäste mit frischen Zutaten aus der Region.

Barbarossa

(D/E 8), Obermarkt 8-12
78462 Konstanz
Tel. (075 31) 12 89 90
Fax 12 89 97 00
www.barbarossa-hotel.com
wiedemann@barbarossa-hotel.com
DZ ab 85 €

Altes Haus an historischem Ort, wo Kaiser Friedrich I. Barbarossa im Jahre 1183 Frieden mit den lombardischen Städten schloss. Zentral gelegen, nur 300 Meter vom Hafen und vom Bodensee entfernt, aus dem die fangfrischen Fische fürs Restaurant stammen.

Zur alten Mühle

(C 4), Im Gänzbrunnen
75305 Neuenbürg
Tel. (070 82) 924 00
Fax 92 40 99
www.zordel.de
Zordel@t-online.de
DZ ab 40 € M

Rustikale Zimmer in einem alten Mühlengebäude mit großer Sonnenterrasse und Blick auf den Forellenteich vorm Haus: Hier angeln sich Fischliebhaber ihr Abendessen, Ruten können ausgeliehen werden, ebenso Mountainbikes für eine Tour durch den nördlichen Schwarzwald.

Jugendherberge Schloss Ortenberg

(B 5), Burgweg 21
77799 Ortenberg
Tel. (07 81) 317 49, Fax 948 10 31
www.djh.de
link: „Baden-Württemberg"
jh-schloss-ortenberg@t-online.de
pro Person 13-16 €

Keine 30 Kilometer von Straßburg entfernt liegt das Schloss mit dicken Mauern, Erkern und Türmchen. Zum Entspannen Basketball, Tischtennis und Klavier. Grillstelle. Ideal für Wanderer und Familien: kleinere schöne Wandertouren in die umliegenden Weinberge, längere in den Schwarzwald.

Schloss Weitenburg

(D 5), 72181 Starzach-Weitenburg
Tel. (0 74 57) 93 30, Fax 93 31 00
www.schloss-weitenburg.de
DZ ab 100 € M
A 81 Ausfahrt Rottenburg

In diesem Schloss, seit 1720 im Besitz der Fürstenfamilie, gibt es keine mondänen, jedoch orginal eingerichtete Zimmer. Trauungen und Taufen in der Schlosskapelle. Solarium, Hallenbad. Gastboxen für Pferde, Ausritte (auch unter Aufsicht), Golf: 18-Loch-Meisterschaftsplatz, 9-Loch-Pitch-and-Putt-Platz.

EXTRA-Tipp

Theaterpension Hedda Kage

(D/E 4), Pfizerstraße 12
70184 Stuttgart
Tel. (07 11) 24 07 22
Fax 236 00 97
hedda.kage@t-online.de
DZ ab 52 €
8 Zimmer M M

Jugendstilhaus. Für die Gäste gibt es bisweilen Kammerkonzerte, Lesungen oder Theater. Schauspieler und Musiker vom nahen Staatstheater und der Musikhochschule sind hier Stammgäste.

Azenberg

(D/E 4), Seestraße 114-116
70174 Stuttgart
Tel. (07 11) 225 50 40
Fax 22 55 04 99
www.hotelazenberg.de
info@hotelazenberg.de
DZ ab 109 € M

Hotel mit persönlicher Atmosphäre, Garten mit Terrasse und grünem Biotop. Kinder sind willkommen, auch Babysitter-Dienst.

Schiefes Haus

(F 6), Schwörhausgasse 6
89073 Ulm
Tel. (07 31) 96 79 30
Fax 967 93 33
www.tourismus.ulm.de, link: „Hotels", DZ ab 134 € M
2 Wochen vorher anmelden

Fachwerkhaus mit 11 Zimmern aus dem 13.-15. Jahrhundert im malerischen Ulmer Fischerviertel an der Blau. Im Guinness-Buch der Rekorde wird das Gebäude mit den Originalwänden aus Lehm als das „schiefste Hotel der Welt" erwähnt – Wasserwaagen am Kopfende der Betten zeigen an, ob die Balken des Fachwerks noch weitere 550 Jahre halten. Speziell gefertigte Möbel gleichen die Neigung aus. Modernes Interieur.

Wald- & Schlosshotel Friedrichsruhe

(E 3), 74639 Zweiflingen-Friedrichsruhe
Tel. (079 41) 608 70
Fax 614 68
www.friedrichsruhe.de
hotel@friedrichsruhe.de
DZ ab 151 € M M

Das Fünf-Sterne-Hotel (Haupthaus, Jagdschloss, Tor- und Gartenhaus), liegt in einem Park. Es gibt eine Schönheitsfarm, Tennisplatz und Hallenbad sowie einen 18-Loch-Golfplatz in der Nähe. Unter Gourmets ist das Restaurant des Hauses mit seinem Michelin-Stern ein Begriff.

M sehr gut M M herausragend M M M nicht zu übertreffen

Fleischers Lust

Schlachttage bei Metzger Wolfgang Raisch sind ein Fest für Traditionalisten

Schade. Alle Tische sind schon besetzt. Heute kommen die Freiwilligen der Holzgerlinger Feuerwehr nach der Übung und essen den Rest vom Rind aus Deckenpfronn ratzeputz weg. Metzger Wolfgang Raisch hat es als Letzter lebend gesehen und weiß: „Zarteres Fleisch findest du wirklich nur ganz selten." Mindestens so rar wie Rinder aus Deckenpfronn sind Metzger wie Raisch. Wohl denen, die von seinen Schlachttagen noch schneller als die Feuerwehr erfahren. Eingeweihte wissen um die Termingeschäfte an der Fleischtheke: Selbstkocher tragen dicke Tüten aus dem museumsreifen Verkaufsraum. Insider haben reserviert und bleiben einfach da: Wer in der kleinen Wirtsstube nebenan einen Rostbraten unter der Zwiebeldecke mit handgeschabten Spätzle gegessen hat, wer den Hirschbraten des Metzgermeisters kennt, der verneigt sich vor Wolfgang Raisch und vergisst durchgestylte Menüs in unterkühlten Restaurants. Eng kann es in der zimmergroßen Stube an den alten Holztischen schon werden. Das macht nichts, auf der Eckbank rücken die Gäste zusammen. Wolfgang Raisch steht hinter der massiven Theke und schenkt schon mal die Verdauungsschnäpse ein. Birne, Zwetschge, Mirabelle: Er kennt sich aus mit feurigen schwäbischen Obstsäften, sein Vater hat früher selbst gebrannt. Die Eltern hatten die Gaststube noch täglich in Betrieb. „Die Zeiten sind vorbei", sagt Raisch, der inzwischen nur noch einfache Gerichte aus eigener Produktion auf Vorbestellung kocht. Um so lieber nimmt er sich dann auch richtig Zeit für seine Gäste. Und wenn er ihnen mit leuchtenden Augen von alten Zeiten erzählt, von Hochzeitssuppen und den Familien, wie sie nach der Kirche beim Sonntagsbraten die Verlobungen ihrer Kinder verabredeten, dann können seine Gäste die Gemütlichkeit von damals nachempfinden und genießen sie heute noch mehr.

Felix Krohmer

Metzgerei Raisch (D 5), Kreuzerwasen 4, 71088 Holzgerlingen, Tel./Fax (070 31) 60 11 34. Hauptgerichte um 13 €. Nur einfache Fleischgerichte auf Bestellung zwei Tage im Voraus, keine festen Betriebsferien.

Sperber
(E 3), Heilbronner Straße 16
74232 Abstatt
Tel. (070 62) 97 80, Fax 97 81 00
www.hotel-sperber.de
Wirtsstube: kein Ruhetag, Küche 11-14, 18-22 Uhr
Hauptgerichte um 12 €
Restaurant: Mi-Fr ab 18.30, Sa/So 12-14 und ab 18.30 Uhr
Hauptgerichte um 26 € M
Neubau mit schnörkellosem Charme: Reduzierte Sachlichkeit beim Interieur und grenzenloser Genuss auf dem Teller. Gemütliche Wirtsstube, exklusives Restaurant, immer freundlicher Service.

Waldhorn
(B/C 4), Beuernerstraße 54
76534 Baden-Baden
OT Oberbeuern
Tel. (072 21) 722 88, Fax 734 88
So abends und Mo geschl.
Hauptgerichte um 18 €
Hier geht's urbadisch zu, und der Wirt hisst schon mal die gelb-rote Fahne im Vorgarten. Chefkoch Joachim Müller löst dieses Versprechen auch in seiner Küche ein: Leckeres aus Produkten der Umgebung, darunter viel Wild und Süßwasserfische: Reh in Burgunder, Zander im Strudelteig. Und die Winzer aus dem Rebland bringen ihm die besten Flaschen.

Zum Hirschen
(F 3), Hauptstraße 15
74572 Blaufelden
Tel. (079 53) 10 41, Fax 10 43
www.hirschen-blaufelden.de
So abends, Mo/Di mittags geschlossen
Hauptgerichte um 20 € M
Das Traditionshaus kitzelt den Gaumen immer wieder auf höchstem Niveau. Die Zweiteilung in Restaurant und Wirtsstube macht Sinn. Egal ob Schnitzel oder Flusskrebse: Jeder kommt satt und zufrieden aus dem Hirschen. Im dezent gestylten Restaurant bekommt man für sein Geld ein Maximum an Geschmack und Kreation. Beim Service wohltuende Kombination aus Herzlichkeit und Korrektheit.

Gasthof Sommerau
(C 8), Sommerau 5
79848 Bonndorf
OT Sommerau
Tel. (077 03) 670, Fax 15 41
www.sommerau.de
Mo/Di Ruhetage
Hauptgerichte um 13 €
Ein Sommermittag auf der Terrasse ist Labsal für Leib und Seele. In diesem sonnigen Versteck im tiefen Schwarzwald kocht Karl-Thomas Hegar, ein Autodidakt am Herd, grundsolide Regional-Küche ohne jede vordergründige Bollenhut-Folklore: extra frische Forelle aus dem Bach, zartes Wild aus eigener Jagd und herzhaftes Rindfleisch von den Weiden ringsum. Schönes Ambiente.

Traube
(A 8), Alemannenstraße 19
79588 Efringen-Kirchen
OT Blansingen
Tel. (076 28) 82 90, Fax 87 36
Di und Mi mittags geschl.
Hauptgerichte um 23 € M
Wahres Idyll am Dorfbrunnen: ein alter Landgasthof, vor Jahren mit viel Liebe zum historischen Detail restauriert, dazu perfekte Frischeküche von Georg Albrecht, der hier seit Jahr und Tag souverän die Stellung hält. Steinbeißerfilet auf Lauch, Lamm mit Kräutern – ohne Fehl und Tadel und beherzt abgeschmeckt. Im Sommer lockt der Bauerngarten.

Hirschen
(A/B 7), Breisgauer Straße 47
79110 Freiburg
Tel. (07 61) 821 18, Fax 879 94
Do Ruhetag
Hauptgerichte um 15 € M
Das Wort vom Bilderbuchgasthof liegt jedem auf der Zunge, der dieses altehrwürdige Gasthaus betritt. Feine badische Küche: Fleischküchle und saure Kalbsleberle. Und ein Koch, der aus schierer Lebensfreude auch mal eine Arie schmettert: Werner Baumgartner ist ausgebildeter Opernsänger. Großer Biergarten.

Landhaus Grenzhof
(C/D 2), Grenzhof 9
69123 Heidelberg, OT Grenzhof
Tel. (062 02) 94 30, Fax 94 31 00
www.landhaus-grenzhof.de
So Ruhetag
Hauptgerichte um 20 €
Elegant-rustikales Landgasthaus im mit alten Linden bestandenen Park. Heidemarie Kaiser, Patronin und Küchenchefin, sorgt mit frischen Saisonprodukten fürs leibliche Wohl. Gehoben italienisch liebt sie, aber der Renner ist ihr Gänsebraten aus hauseigener Aufzucht, der im November und Dezember nicht nur Stammgäste Schlange stehen lässt. Schöner Biergarten hinter Sandsteinmauern mit üppig wucherndem Wildem Wein.

M sehr gut MM herausragend MMM nicht zu übertreffen

Mit seinem Zwiebelrostbraten praktiziert Wolfgang Raisch lukullische Bodenständigkeit

Gasthof Linde
(D 5), Kuppinger Straße 14
71083 Herrenberg-Affstedt
Tel. (070 32) 316 70, Fax 323 45
Di/Mi Ruhetage
Hauptgerichte 8-18 €
Im Sommer sitzt man weit und breit nirgends besser: Die laue Nacht auf der Gartenterrasse beginnt mit der berühmten Flädlesuppe und wird mit der Hirschkeule zum Sommernachtstraum – faire Preise, eine ehrliche regionale Küche und die ansteckende Freundlichkeit der Wirtsleute Willms machen einfach Spaß!

Landgasthaus Waidhof
(A 8), Waidhof, 79594 Inzlingen
Tel. (076 21) 26 29, Fax 16 62 65
Mo Ruhetag
Hauptgerichte um 19 €
In diesem Gasthof mit gewachsener Rustikalität hat Vincent Klink vom Stuttgarter Restaurant Wielandshöhe gelernt (▶ s. S. 64). Der lobt: „Bis heute ein Ort gastronomischer Kultur." Wirtsfamilie Haas serviert Feinschmeckerküche, himmlisch das Kalbsherz in Rotwein oder die badische Ochsenbrust.

Zum Ochsen
(C 3/4), Pfinzstraße 64
76227 Karlsruhe, OT Durlach
Tel. (07 21) 94 38 60
Fax 943 86 43
www.ochsen-durlach.de
Mo Ruhetag, Di nur abends
Hauptgerichte um 28 € M
Eldorado für Weinfreaks. Hier wird jede Flasche bis in Preisregionen von 50 Euro auf Wunsch auch glasweise ausgeschenkt. Und da die Weinkarte ein dickes Buch ist, kann man Tropfen probieren, von denen man bisher nur geträumt hat. Dass Anita Jollit dazu eine ausgezeichnete französisch-badische Hochküche serviert, macht das Vergnügen perfekt.

Scheidels Restaurant Zum Kranz
(A/B 6), Offenburger Straße 18
79341 Kenzingen
Tel. (076 44) 68 55, Fax 93 10 77
Mo abends und Di geschl.
Hauptgerichte um 20 €
Solide wie der Wirtshaustresen ist auch die Küche von Franz Scheidel. Alles frisch vom Markt und klassisch badisch zubereitet: So schmecken der Zander, der Rehrücken und das Lamm, dazu gehaltvolle, auf klassische Weise reduzierte Saucen. Große Weinkarte mit kundenfreundlich kalkulierten Flaschen.

Krone
(A 7), Hauptstraße 18
79189 Bad Krozingen
OT Biengen
Tel. (076 33) 39 66, Fax 80 60 83
Mo Ruhetag
Hauptgerichte um 15 €
Blitzsauberer Landgasthof mit dem schönsten Innenhof weit und breit, dazu frisch gekochte Leckereien: gebratene Gambas in einer Suppe aus Petersilienwurzeln, mürb geschmorte Schweinsbäckle in satter Sauce. Auf der Weinkarte viele Spitzenwinzer aus der Region. Aufmerksamer Service.

Gasthaus Lamm
(C 4), Calmbacher Straße 23
75378 Maisenbach
Tel. (070 84) 48 33
Mo/Di Ruhetage
Mi-Sa 18-24, So 17-24 Uhr
Hauptgerichte um 13 €
Keine Kreditkarten
Bio-Essen ohne Fundamentalismus, Gemütlichkeit ohne Schwarzwälder Kitsch. Hier wärmt noch ein Bollerofen, und man grüßt sich. Sensationelles Gemüse aus eigenem Anbau, kreativ-mediterrane Küche, äußerst faire Weinpreise.

Alchimia
(C 2), G 7-7
68159 Mannheim
Tel. (06 21) 149 63
Fax 01212 514 89 03 48
www.alchimia.de
Alchimia@t-online.de
Di-So ab 19 Uhr, Menü um 50 €
Entenleber auf Apfellauch oder Filet auf Portwein-Sabayon von Winnie Schneider-Hahn, einer Theaterwissenschaftlerin und Autodidaktin in der Küche des früheren Tante-Emma-Ladens.

Gottfried
(D 8), Böhringerstraße 1
78345 Moos
Tel. (077 32) 924 20, Fax 525 02
www.hotel-gottfried.de
hotel-gottfried@t-online.de
Do/Fr mittags geschl.
Hauptgerichte um 18 €
Haben Sie schon mal Leber von der Bodensee-Trüsche gegessen? Diese und andere Raritäten gibt es bei Klaus Neidhart, denn er hat Beziehungen zu den Fischern wie kaum ein Zweiter. In Sachen Fisch macht ihm rund um den See denn auch keiner etwas vor. Nicht nur Felchen und

Die zehn Besten im Südwesten

Hirschen
(A 7), Hauptstraße 69
79295 Sulzburg
Tel. (076 34) 82 08, Fax 67 17
www.hirschen-sulzburg.de
Hauptgerichte um 31 €
Mo/Di Ruhetage M M
Niemand in Baden bringt französische Hochküche so perfekt auf den Tisch wie der gebürtige Schwabe Hans-Paul Steiner in seinem urgemütlichen Restaurant.

Bareiss im Hotel Bareiss
(C 5), Gärtenbühlweg 14
72270 Baiersbronn-Mitteltal
Tel. (0 74 42) 470, Fax 473 20
www.bareiss.com
Mo/Di Ruhetage, in der Kaminstube kein Ruhetag, Hauptgerichte um 20 € M M M
Keine andere deutsche Kleinstadt beherbergt mehr gastronomische Glanzlichter als Baiersbronn. Ganz vorn mit dabei: Claus-Peter Lumpp mit begeisternden Ausflügen in die mediterrane Küche (▶ s. S. 119).

Schwarzwaldstube im Hotel Traube Tonbach
(C 5), Tonbachstraße 237
72270 Baiersbronn-Tonbach
Tel. (074 42) 49 20, Fax 492-692
www.traube-tonbach.de
Jan./Aug. geschl., Mo/Di Ruhetag, Hauptgerichte um 45 € M M M
Da sind sich Gastrokritiker und Restaurantführer einig: Ganz oben auf dem Olymp der Köche steht Drei-Sterne-Koch Harald Wohlfahrt mit kulinarischen Kreationen, die in ihrer aromatischen Fülle und Ausgewogenheit konkurrenzlos sind (▶ s. S. 119).

Imperial im Schlosshotel Bühlerhöhe
(B 5), Schwarzwaldhochstraße 1
77815 Bühl
Tel. (072 26) 550, Fax 55-777
www.buehlerhoehe.de
info@buehlerhoehe.de
Mo/Di Ruhetage
Hauptgerichte um 25 € M M
Der neue Chefkoch Christian Scharrer hat kein leichtes Erbe angetreten. Unter Klaus Erfort war das noble Imperial zu einer Top-Adresse geworden – und das frohgemut und ganz unverkrampft, trotz Respekt einflößenden Ambientes.

Zirbelstube im Hotel Colombi
(A/B 7), Rotteckring 16
79098 Freiburg
Tel. (07 61) 210 60, Fax 314 10
www.colombi.de
restaurant@colombi.de
Hauptgerichte um 30 € M M
Das Gespann Roland Burtsche (Patron) und Alfred Klink (Koch) ist mit seiner badisch-französischen Hochküche, in rustikal-eleganter Atmosphäre serviert, in Freiburg kaum zu schlagen.

Waldhorn
(E/F 8), Marienplatz 15
88212 Ravensburg
Tel. (07 51) 361 20, Fax 361 21 00
www.waldhorn.de
bouley@waldhorn.de
So/Mo Ruhetage
Hauptgerichte um 25 € M M
Albert Bouley war einer der ersten, der die europäische Küche mit asiatischen Aromen vermählt hat. Darin ist er immer noch ein Meister, aber bei ihm schmeckt es auch traditionell französisch wunderbar.

Burgrestaurant Staufeneck
(E/F 5), Burg Staufeneck
73084 Salach
Tel. (071 62) 93 34 40
Fax 933 44 55
www.burg-staufeneck.de
Mo Ruhetag
Hauptgerichte um 25 € M M
Im idyllischen Burgrestaurant zeigt Rolf Straubinger, was ein Könner am Herd aus schwäbischer Alltagsküche zaubern kann. Die Bouillabaisse wäre selbst in Marseille ein Renner.

Speisemeisterei
(D/E 4), Am Schloss Hohenheim
70559 Stuttgart-Hohenheim
Tel. (07 11) 456 00 37
Fax 456 00 38
Mi-So 19-24, So auch 12-14 Uhr
Menü um 78 € M M
Sitzen in fürstlichem Ambiente und dabei königlich schlemmen kann man bei Martin Öxle mit Gänseleber in Trüffelöl oder gebratener Goldbrasse mit Jakobsmuscheln.

Meeresgetier euro-asiatisch im Ravensburger Waldhorn

Wielandshöhe
(D/E 4), Alte Weinsteige 71
70597 Stuttgart
Tel. (07 11) 640 88 48
Fax 640 94 08
www.wielandshoehe.com
Ab 12 und ab 18.30 Uhr geöffnet, So/Mo Ruhetage
Hauptgerichte um 35 € M M
Ein Abend auf der Terrasse der Wielandshöhe oder im klar designten, lichtdurchfluteten Gastraum mit Ausblick auf Stuttgart, von Vincent Klinks schnörkelloser Aromenküche verwöhnt – ein Genuss (▶ s. S. 64).
Mehr unter www.merian.de

Wald- und Schlosshotel Friedrichsruhe
(E 3), Öhringer Straße 11
74639 Zweiflingen-Friedrichsruhe
Tel. (079 41) 608 70, Fax 614 68
www.friedrichsruhe.de
hotel@friedrichsruhe.de
Mo/Di Ruhetag (nicht für Hausgäste), Hauptgerichte um 30 € M M M
Altmeister Lothar Eiermann weiß, wie man ausgefuchste Genießer zufrieden stellt. Zum Beispiel mit Langustinen-Tartar oder mit seinem Klassiker: Rehrücken in Burgunder. Kretzer, auch Lamm und Rind kommen gut auf den Tisch.

Wirt am Berg
(E 4), Uhlbacher Straße 14
70239 Obertürkheim
Tel. (07 11) 32 12 26
Mo/Sa 18-23, Di-Fr 11-14, 17.30-23 Uhr, jeden 1. Sa im Monat geschlossen
Hauptgerichte um 13 €
Wer ein typisch schwäbisches Speiserestaurant sucht, weder groß noch luxuriös, sondern richtig gemütlich, ist hier richtig. Ein Lokal mit Tradition: Über 30 Jahre schon führen Renate und Jochen Rüffer das Lokal. Haben Prominente wie Curd Jürgens („Zum ersten Mal in meinem Leben Maultaschen. Ich gratuliere Ihnen zu Ihrer Heimat."), Inge Meysel, Elke Sommer oder Helga Feddersen bekocht. Erfolgsrezept des Wirtsehepaars sind regionale Spezialitäten, Fisch, Wild, Geflügel, Pilze und eben hausgemachte Maultaschen. Gutbürgerliche Küche.

Karlshöhe
(D/E 4), Stuttgart
Tel. (07 11) 607 64 22
Hochsommer: 11.30-23.30 Uhr, Frühjahr bis Einbruch der Dunkelheit, geöffnet ca. von März-Oktober (je nach Wetter)
Einen schöneren Blick auf Stuttgart gibt es nicht. Der kleine Biergarten ist noch wenig bekannt. Ein gutes Buch, Saitenwürstchen und Hefeweizen – Stuttgart kann so schön

M sehr gut M M herausragend M M M nicht zu übertreffen

sein. Die zwei Quadratmeter-Küche liefert echten schwäbischen Wurstsalat, Gegrilltes und selbst gemachte Kuchen. Leider schwer zu finden: am Marienplatz rechts hoch, in der Mörikestraße fragen oder – das Angebot der Wirtin gilt – anrufen und nach dem Weg erkundigen.

Top Air
(D/E 4), Flughafen, Terminal 1
70629 Stuttgart
Tel. (07 11) 948 21 37
Fax 797 92 10
www.woellhaf-airport.de
Sa geschl., So-Fr 11.45-14.30, 17.45-24 Uhr,
Küche bis 21.30 Uhr
Betriebsferien Aug. und zwei Wochen Anfang Jan.
Hauptgerichte um 26 € M M
Mit Blick über die Start- und Landebahn des Stuttgarter Flughafens. Die Küche beflügelt den Gaumen mit konstant hohem Niveau. Nicht verpassen: die Variationen von Gänseleber. Der Service ist Business-Class und das Flair international. Schon mancher hat sich fest gesessen und seinen Flug (gern) verpasst.

MERIAN-Tipp

Römerbad
(A 8), Schlossplatz 1
79410 Badenweiler
Tel. (0 76 32) 700
Fax 702 00
www.hotel-roemerbad.de
Kaffee und Kuchen von 14-17.30 Uhr M M
Für ein Chill Out der anderen Art: In diesem prächtigen Hotelkasten aus den längst vergangenen Tagen der Bäderkur kann man sich bei Nachmittagstee und Patisserie gepflegt von nächtlichen Exzessen erholen. Wichtig: Dies ist ein stiller Ort, deshalb sensible Begleitung mitnehmen oder, passender noch, einen Roman von Dostojewski.

Waldheim Heslach
(D/E 4), Dachswaldweg 180
70569 Stuttgart
Tel. (07 11) 687 22 71
Do-Di 10-23 Uhr
Hauptgerichte um 8 €
Um 1910 gründeten Sozialisten und Kommunisten in Stuttgart so genannte Waldheim-Vereine, um den Arbeiterfamilien die Möglichkeit zu geben, sich „ohne Verzehrzwang" zu erholen. Immer noch sind die grünen Oasen ein beliebtes Ausflugsziel. Das Waldheim Heslach (600 Plätze, mit Kinderspielplatz), rund ums Jahr geöffnet, hat modernisiert: Elektronische Anzeigetafeln geben Auskunft darüber, ob das Waldheim-Schnitzel, die Bauernbratwürste oder die Maultaschen schon fertig sind. Sommers sitzt man am Waldrand und unter Obstbäumen, im Winter kann man in die sehr geräumige Wirtsstube.

Gasthaus Brauerei Neckarmüller
(D 5), Gartenstraße 4
72074 Tübingen
Tel. (070 71) 278 48
Fax 276 20
tgl. 10-1 Uhr, Betriebsferien um die Weihnachtstage
Hauptgerichte 6-13 €
Für Tübinger Studenten ein Grund zum Blaumachen: der herrliche Biergarten mit Neckarblick. Innen große Kessel zur eigenen Bierherstellung, der Flammkuchen schmeckt besser als in Straßburg.

Seehalde
(E 8), 88690 Uhldingen-Mühlhofen (OT Birnau-Maurach)
Tel. (075 56) 922 10, Fax 65 22
Di Ruhetag, Mi ab 18, Mo, Do-So 12-14 und ab 18 Uhr
10. Jan.-März geschlossen
Hauptgerichte um 18 € M
Terrasse und Restaurant liegen so nah am Bodensee, dass die Blaufelchen direkt auf den Teller springen könnten. Touristen-Nepp ist hier ein Fremdwort, besserer Fisch ist rund um den See nur schwer zu finden. Schöne Auswahl regionaler Weine.

Hugenhof
(B 7), Am Neuenberg 14
79263 Simonswald
Tel. (076 83) 93 00 66
Fax 90 92 58
Mo/Di Ruhetage
Hauptgerichte um 16 €
Seit die Tochter des Hauses einen hoch talentierten jungen Koch aus der Schweiz ins romantische Simonswälder Tal gelockt hat, stehen die Feinschmecker hier Schlange: Topinambur-Creme mit Krustentieren, zart schmelzende Austernterrine, sündhaft feines Eis aus Valrhona-Schokolade – alles delicatissimo. Tolle Weinkarte mit Entdeckungen aus Spanien und Frankreichs Süden.

Grüne Gans
(C/D 2), Hauptstraße 126
69469 Weinheim
Tel. (062 01) 18 07 68
Fax 18 07 88
www.gruene-gans.de
Mo Ruhetag
Hauptgerichte um 23 €
Im historischen Zentrum der Stadt, am Marktplatz, werden nicht nur Touristen bestens bekocht, seit Claudia Koch und Burkhard Lindlar das Zepter in dem Traditions-Restaurant übernommen haben. Alles ist treffsicher abgeschmeckt und mit kulinarischem Verstand komponiert. Wunderbare Waldpilzsuppe und Gänsestopfleber in Wantan.

Szene

Jackson Pollock Bar
(im Freiburger Theater)
(A/B 7), Bertoldstraße 46
79098 Freiburg
Tel. (07 61) 28 15 94
www.jacksonpollockbar.com
So-Do 18-2, Fr/Sa 18-3 Uhr
Bloß nicht laut fragen, wer eigentlich dieser Jackson Pollock ist. Könnte peinlich werden hier, wo die Klugen und die Schönen sich bei Nu Jazz und Latin House treffen und gelegentlich sogar „diskursive Salons“ abhalten. Außerdem hängt ein Werk des amerikanischen Malers hinter der Bar.

Waldsee
(A/B 7), Waldseestraße 84
79117 Freiburg
Tel. (07 61) 736 88, Fax 79 63 86
www.waldsee-freiburg.de
Kneipe: tgl. 11-1 Uhr
Root Down: jeden letzten Sa im Monat 22-3 Uhr
Das nette Gartenlokal am Rand von Wald und Weiher hat ein eigenwilliges Nachtleben. Rainer Trüby, einziger Freiburger DJ mit internationalem Ruhm, legt einmal im Monat in seiner Heimatkneipe auf. Seine „Root Down“-Party versammelt an die tausend Tanzwütige.

airport
(E 8), Flughafen 21
88046 Friedrichshafen
Tel (075 41) 348 88, Fax 37 77 77
www.futurejam.de
Fr/Sa 21-4 Uhr, Eintritt 5-8 €
Das ehemalige Offizierscasino am Flughafen wurde zur Abendkombi Club-Bar-Lounge umgestaltet. Samstags Ju-Ju-Party mit Afro-Funk. Viel African Spirit. Und noch kommt nicht jeder.

Club Metro
(E 8), Im Fallenbrunnen 17
88045 Friedrichshafen
Tel. (075 41) 37 16 61, Fax 317 32
www.club-metro.de
Fr/Sa 22-3 Uhr, Eintritt: 5-12 €
Aus der französischen Kaserne wurde Mitte der 90er Jahre das Kulturzentrum Caserne mit Kleinkunst, Theater, Kino und Discothek. Weitläufiger Club mit zwei Dancefloors und einem Innenhof, der im Sommer für Chill Outs genutzt wird.

Schwimmbad Musik Club
(C/D 2), Tiergartenstraße 13
69121 Heidelberg
Tel. (062 21) 47 02 01, Fax 47 23 90
www.schwimmbad-musik-club.de
Mi/Do 20-3 Uhr, Fr/Sa 20-4 Uhr
Eintritt: Mi/Do 1,50 €, Fr/Sa 3,50 € (Disco inklusive Konzert)
Auf vier Etagen ist Platz genug für alles zwischen Schlager und Techno. Und einen Club im Club: Blue Fish, spezialisiert auf Underground.

SINGESONG Karaokethek
(C 3/4), Herrenstraße 36

Lounge mit Vogesenblick in 65 Meter Höhe

Vom Schwarzwald bis zu den Vogesen: Das **Kagan** bietet einen Rundumblick über Freiburg, wie es ihn sonst bloß vom Münster gibt. Die Kombination aus Café, Bar, Club und Lounge residiert im 17. und 18. Stockwerk des Hauptbahnhof-Turms und trägt nicht zufällig den Namen des amerikanischen Stardesigners Vladimir Kagan. Das Kagan gilt als schönster Glaspalast südlich der Main-Linie. Crèmefarbene Ledersofas, Mamorböden und konsequente Formstrenge – für Freiburg eine echte Glamouroffensive. Arrangiert hat sie Robert Williams, 36, einer der beiden Betreiber des Clubs. MERIAN fragte:

Wollten Sie ein Stück Manhattan nach Freiburg holen?
Sagen wir, ein Stück Großstadt. Das hat Freiburg wirklich gebraucht, immerhin hat die Stadt 200 000 Einwohner. Und die Leute schätzen nicht nur das Panorama, sondern auch die Einrichtung. Schauen Sie, die verglasten Toiletten. Wo hat man auf dem WC sonst so eine Aussicht?

Wird's einem da nicht mulmig?
Die meisten finden's toll. Außerdem: In 65 Meter Höhe kann ja nun wirklich keiner reingucken.

Wie kamen Sie zu Ihrem Paten Vladimir Kagan?
Wir haben ihn auf der Kölner Möbelmesse kennen gelernt. Als wir unser Projekt nach ihm benannten, fühlte er sich sehr geehrt. Eine der Sitzecken ist von Vladimir, und bei der Eröffnung hat er gesagt hat: „Im Black Forest einen eigenen Club zu haben – das finde ich superstark.“

Glamouröser Glaspalast: das Kagan in Freiburg

Warum diese Mischung aus Café, Bar, Club und Lounge?
Das ist unser Erfolgsrezept. Deshalb haben wir ein vielfältiges Publikum. Zum Jazz kommen die über 40-Jährigen, Afterwork zieht das Trendy-Publikum an, nachmittags kommen auch ältere Leute zum Kaffee. Manche wollen auch bloß schnell mal rausgucken. Schließlich hat man hier einen Wahnsinnsblick aufs Wetter. Und nirgendwo sonst sieht man so wunderbare Regenbögen.
Und nun müssen Sie damit leben, dass das Interieur schicker ist als die meisten Gäste?
Unsinn. Das ist doch das Schöne, dass es so multikulti ist.

Kagan (A/B 7), Im Solartower am Freiburger Hauptbahnhof
Bismarckallee 9, 79098 Freiburg, Tel. (07 61) 767 27 66
Fax 767 27 61, www.kagan-lounge.de, tgl. 10-2, Mi/Do bis 3 Uhr, am Wochenende bis 5 Uhr, abends wechselndes Programm,
Eintritt: nach 22 Uhr Mi/Do 5 €, Fr/Sa 8 €, Gästeliste 6 €

76133 Karlsruhe
Tel./ Fax (07 21) 210 86
www.singesong.de
Di-Sa ab 20, Fr/Sa bis 4 Uhr
Eintritt: Di-Do 2 €, Fr/Sa 4 € M
Hoch professionelle Karaoke-Bar, die mit den üblichen Mitgröl-Acts nichts gemein hat. Der Gast hat die Wahl zwischen 6000 Titeln, 13 Sprachen und drei Exhibitionsgraden: Er kann das Lieblingslied mit dem ganzen Lokal im Chor schmettern, allein vom Tisch aus singen oder zum Solovortrag auf die Bühne steigen. Man darf auch bloß zugucken.

Substage
(C 3/4), Kriegsstraße 15
76137 Karlsruhe
Tel. (07 21) 37 72 74, Fax 35 83 82
www.substage.de
Ende Juni-Mitte Sept. geschl.
Eine triste Unterführung, die vergeblich auf Fußgänger wartete, verwandelte sich 1990 in einen Musikclub, der gut 700 Besucher fasst. Live-Acts und Partys. Wechselnde Öffnungstage, Programm im Internet oder im hauseigenen Magazin *Substage-News*.

Das Boot
(D/E 8), DB Hafen Konstanz
www.dasboot-kn.de
Tel. (075 31) 202 43 (Anschluss/ Website des Theatercafés)
Fr/Sa ab 22.30 Uhr, Eintritt 6-9 €
Tropicalboat (nur im Sommer): Einlass ab 19, Abfahrt um 20.30, um 22.30 Uhr zurück im Hafen, dort open end
Eintritt 20-22 € M M
Am Wochenende mutiert die „MS Baden", ein Dampfer aus den dreißiger Jahren, vom Ausflugsboot zum schwimmenden Club. Kleines Restaurant und zwei Dancefloors, oben House, unten R&B und TripHop. In lauen Sommernächten geht's hinaus auf den See: als „Tropicalboat" mit Latino-Bands.

Zum wilden Mann
(A 8), Basler Straße 172
79539 Lörrach
Tel. (076 21) 37 39, Fax 37 15
Mo-Do 9-24, Fr/Sa 9-1,
So 15-24 Uhr M
Schlichte, absolut kuckucksuhrfreie Einrichtung, Terrasse zum Marktplatz und Innenhof mit echten Schwarzwaldhaus-Balkonen. Abends Szenetreff.

Café Flo
(C 2), Friedrichsplatz 15
60165 Mannheim
Tel. (06 21) 418 20 83
Fax 181 57 51
Mo-Sa 9-1 Uhr, So 15-1 Uhr
Stilvolles Café mit schönem Blick auf den Wasserturm, abends Szenetreffpunkt.

MS Connexion
(C 2), Angelstraße 33
68199 Mannheim
Tel. (06 21) 854 41 44
Fax 854 41 55
www.msconnexion.com
Fr/Sa u. jeden 2. So, am 1. und 3. Sa Zutritt nur für Männer.
Eintritt ab 5 € M
Einst Begegnungsstätte für Schwule und Heteros, heute Mega-Party-Tempel.

Café Tankstelle
(D 8), Untertorstraße 4
78315 Radolfzell
Tel. (077 32) 47 28, Fax 97 18 15
tgl. ab 19.30, Fr -3, Sa -2 Uhr
Angenehme Café-Bar mit echter Tankstellen-Vergangenheit. Entspannte Lounge-Musik und gelegentlich Weekend-Partys.

Club Prag
(D/E 4), Heilbronner Straße 261
70469 Stuttgart
Tel. (07 11) 81 76 02
www.club-prag.de
Do-Sa ab 21.30/23 Uhr
Eintritt 2,50-10 €
Vier Clubs mit unterschiedlichen Musikrichtungen: von Crossover Thursday bis zur Neuen Heimat, von Gothgix bis Mainstream. Freitags HipHop-Club 0711 (▶ s. S. 48).

Libero
(D/E 4), Olgastraße 137
70180 Stuttgart
Tel. (07 11) 640 43 17
So-Do 20-2, Fr/Sa 21-3 Uhr
Brunch So 11-16 Uhr
Die in strengem Industriedesign gehaltene Theke versammelt Studenten und eine der Managerkarriere eher abgewandte Jugendszene. Bier trinkt man hier auch mal aus der Flasche. Am Wochenende DJs, gelegentlich Live-Acts.

Eine Millionen Jahre alte versteinerte Momentaufnahme: Der Schwimmsaurier trägt noch Föten im Leib – eines der Jungen schlüpft gerade

Spurensuche mit Hammer und Meißel

Die Schwäbische Alb ist die Schatzkammer für Saurierknochen und Bärenskelette

Sein erster Goldrausch überfiel ihn beim Bau der A 8 München-Stuttgart: In einer Baggerschaufel, zwischen Dreck und Steinen, sah Steffen Reiche einen Klumpen blitzen, groß wie ein Fußball. Vom Baggerführer erbettelte er sich dieses Prachtexemplar eines Ammoniten. Das funkelnde Katzengold, eine Art Riesenschnecke aus der Urzeit, war 200 Millionen Jahre alt.

Reiche lebt nahe Holzmaden, dem Mekka der Fossilienjäger. Spektakuläre Funde haben den Ort und das Vorland der Schwäbischen Alb berühmt gemacht. In Baustellen und Schieferbrüchen klopft Reiche versteinertes Holz aus dem Schiefer – Seelilien, Belemniten und mit Glück auch Saurierknochen. Zwei Belgier sind mit Hammer und Meißel im **Schieferbruch Kromer** unterwegs und eine Schulklasse aus Stuttgart. „Ich hab' was gefunden!", tönt es alle paar Minuten begeistert: Für einen Euro haben die Hobbyarchäologen die „Grabungsrechte" beim Besitzer des Schieferbruchs erkauft. Wer Meißel oder Hammer vergessen hat, kann sie für einen weiteren Euro leihen.

2,5 Kilometer entfernt präsentiert das **Museum Hauff** Dinosaurier: darunter einen Schwimmsaurier mit versteinertem Magen samt Inhalt: Er hatte einen Tintenfisch verspeist, ehe er verendete. Ein zweiter trägt vier Föten im Bauch. Im Garten können Kinder ein Saurierskelett aus dem Sand buddeln, und ein Quiz lädt sie zu einem spannenden Streifzug durchs Museum ein. Versteinerungen werden auch verkauft, manche groß wie Tischtennisplatten und bis zu 60000 Euro teuer. Noch wertvollere Funde liefert Hauff an Museen in aller Welt.

Dass solche Preziosen im baden-württembergischen Untergrund liegen, ist kein Wunder – kaum ein anderes Bundesland hat so viele bizarre Höhlen, Schluchten und Steinbrüche. In der **Bären- und Nebelhöhle** auf der Schwäbischen Alb kann man Bärenskelette und kuriose Tropfsteine entdecken. Und nördlich von Heilbronn öffnete das **Salzbergwerk Bad Friedrichshall** einen Schacht für Besucher, die über haushohe Abraumhalden und eine 42 Meter lange Rutsche in ein Gewölbe aus Salzgestein gelangen. *Tilman Wörtz*

Schieferbruch Kurt Kromer (E 5), Zellerstraße 3, 73275 Ohmden Tel. (070 23) 47 03, April-Okt. Mo-Sa 10-17 Uhr
Urweltmuseum Hauff (E 5), Aichelberger Straße 90 73271 Holzmaden/Teck, Tel. (070 23) 28 73, Fax 46 18 www.urweltmuseum.de, hauff@urweltmuseum.de, Di-So 9-17 Uhr, Eintritt 3,50 €
Bären- und Nebelhöhle (D/E 6), Fremdenverkehrsamt Sonnenbühl, Hauptstraße 2, 72820 Sonnenbühl, Tel. (071 28) 925 18, Fax 925 50, www.sonnenbuehl.de, April-Okt tgl. 9-17.30 Uhr
Salzbergwerk Friedrichshall (E 3), Tel. (071 36) 27 13 03 oder 27 12 20, Fax 27 12 00, www.salzwerke.de, Mai-Okt. Sa/So/Fei 9.30-17 Uhr, Mi 14-17 Uhr, Eintritt 7 €
Ausfahrt Salzwerke auf der B 27 nördlich von Heilbronn

Sehenswert

Sauschwänzle-Bahn
(C 7), Hauptstraße 52
78176 Blumberg
Tel. (077 02) 512 00, Fax 512 22
www.sauschwaenzlebahn.de
Von Zollhaus-Blumberg nach Weizen (25 km)
Mai-Okt. meistens Mi, Sa und So 10 und 14 Uhr, Fahrplan telefonisch und im Internet
Erwachsene 13 €
Vielleicht die schönste Museumsbahn Deutschlands: Wie ein „Sauschwänzle" winden sich Dampflok und Waggons in Kehrschleifen durch Tunnels und über imposante Viadukte durchs Wutachtal.

Margarete Steiff Museum
(G 5), Alleenstraße 2
89537 Giengen a. d. Benz
Tel. (073 22) 13 12 04
www.steiff.de/museum.htm
Mo-Fr 13-16, Sa 8.30-12 Uhr
Eintritt frei
Der legendäre Teddybär und der erste filzüberzogene Elefant von 1880 schauen Besucher mit ihren Knopfaugen an: Zwei Berühmtheiten im Sammelsurium der Tiere, Puppen und Holzspielzeuge. Werksverkauf gegenüber.

Zeppelin Museum
(E 8), Seestraße 22
88045 Friedrichshafen
Tel. (075 41) 380 10
Fax 38 01 81
www.zeppelin-museum.de
Mai-Okt. Di-So 10-18, Nov.-April Di-So 10-17 Uhr
Eintritt 6,50 €
Weltgrößte Sammlung zur Geschichte und Technik der Luftschiffahrt im 1933 erbauten Hafenbahnhof. Attraktion ist eine begehbare Teil-Rekonstruktion des Zeppelin LZ 129.

Ur-Mutter aller Kuscheltiere: Margarete Steiff

Burg Hohenzollern
(D 6),72379 Burg Hohenzollern
Tel. (074 71) 24 28
www.burg-hohenzollern.de
Mitte März-Mitte Okt. tgl. 9-17.30, Mitte Okt.-Mitte März tgl. 9-16.30 Uhr
Eintritt 4,50 €, über die B 27 Ausfahrt Hechingen-Süd
Über einem Bergkegel erheben sich die schiefergekrönten Türme der Burg Hohenzollern, dem Stammsitz des preußischen Königshauses. Kostbare Marmorböden im Grafensaal, in der Schatzkammer die Elfenbeinflöte des Alten Fritz und die preußische Königskrone.

Blumeninsel Mainau
(D/E 8), 78465 Insel Mainau
Tel. (075 31) 30 30, Fax 30 32 48
www.mainau.de, tgl. 9-18 Uhr
Großer Park, Arboretum, Schmetterlings- und Palmenhaus. Orchideenschau im Frühling. Konzerte und Lesungen im Barockschloss.

Galleria Fausto Panetta
(C 2), Durlacher Straße 25
68219 Mannheim-Rheinau
Tel. (06 21) 89 19 35
Di-Fr 9-12, 14-18 Uhr
Nobel-Friseur Fausto Panetta hat sich der zeitgenössischen Kunst verschrieben. Ausstellungen mit Künstlern wie Baselitz und Lüpertz.

Schwetzinger Schloss
(C 2), Tel. (0 62 02) 12 88 28
Fax 12 86 65
April-Okt. Di-So 10-16
Nov.-März Sa/So 11-15
Fr-14 Uhr, Eintritt 3 €
Verlustieren und Feiern wie im 18. Jahrhundert, als Voltaire im Rokoko-Theater seine Stücke aufführte und Mozart den Taktstock für die Gesellschaft des Mannheimer Hofs schwang. Auf der Vorschlagsliste zum Weltkulturerbe.

Planetarium Stuttgart
(D/E 4), Mittlerer Schlossgarten
70173 Stuttgart
Tel. (07 11) 162 92 15
Fax 216 39 12
www.planetarium-stuttgart.de
planetarium@stuttgart.de
Programm und Kurse telefonisch oder per Internet
Eintritt 4,50 €
„Zeiss Universarium Modell IX" ist der modernste Projektor der Welt: Er kann die Besucher in einer Zeitreise 2000 Jahre vor- und zurückversetzen. Damit werden Astronauten trainiert.

Stocherkahn
(D 5), Claus Hipp
Im Hopfengarten 13
72076 Tübingen
Tel. (070 71) 681 76
www.neckar-caruso.de
Erwachsene 5 €, Kinder die Hälfte. Fahrten jeden Nachmittag, am Wochenende auch vormittags. Termine telefonisch
Claus Hipps Glanzstücke sind „Eberhard im Barte" und Arien aus der „Zauberflöte": Im Takt schiebt er seinen Kahn am Hölderlin-Turm und an der Stadtmauer vorbei.

Barockes Kulturerbe: das Schwetzinger Schloss mit Garten

Bad Wurzacher Ried
(F 7), Naturschutzzentrum
Rosengarten 1
88410 Bad Wurzach
Tel. (075 64) 931 20, Fax 91 32 22
www.naturschutzzentrenbw.de/badwurzach
Naturschutzzentrum@Bad-Wurzach.de
Mo Führungen um 14.30 Uhr ab Naturschutzzentrum, Dauer: 2,5 Std., im Sommer auch am Wochenende
Größtes intaktes Hochmoorgebiet Mitteleuropas. Nach einer Wanderung am Südrand des Wurzacher Rieds Bademöglichkeit in Wannen mit mineralreichem Moorschlamm.

EXTRA-Tour

Barocke Wege
Die Oberschwäbische Barockstraße führt von Bad Waldsee bis Ulm. Im himmelblauen Bibliothekssaal des Klosters Bad Schussenried mit seinen Fresken schmökerten einst die Mönche. Auch das Klostermuseum mit Reliquien, Gemälden, Kreuzen und wertvollen Kerzenständern ist einen Besuch wert. Die „schönste Dorfkirche der Welt" befindet sich im vier Kilometer entfernten Steinhausen. Wenn die Steinhausener damit auch etwas übertreiben, sind die rosa- und türkisfarbenen Reliefs doch sehr eindrucksvoll. Im Zwiefaltener Münster entfaltet sich das Spätbarock in voller Pracht: Putten mit Bogen, Bibel oder Glöckchen, glänzende Marmorsäulen und Beichtstühle aus Palmwedeln.

Bad Schussenried
(E 7), Kurverwaltung
Klosterhof 1
88427 Bad Schussenried
Tel. (0 75 83) 94 01 71
www.bad-schussenried.de
Verkehrsamt Zwiefalten
(E 6), Marktplatz 3
88529 Zwiefalten
Tel. (073 73) 205 20, Fax 205 55, www.zwiefalten.de

Museen

Limesmuseum Aalen
(F 4), Sankt-Johann-Straße 5
73430 Aalen
Tel. (073 61) 96 18 19
Di-So 10-12, 13-17 Uhr
www.limesstrasse.de
Eintritt 2,50 €
Der Limes, die Grenze zwischen römischer Zivilisation und germanischer Barbarei, verlief durch das heutige Baden-Württemberg. Grundmauern des größten Kastells nördlich der Alpen. Römerkastelle und Wachttürme sind en miniature nachgebaut Ein Wanderweg in Rheinau verbindet Teile der Limesmauer mit Steinturm, Holzpalisade und Resten eines Römerbades.

Staatliche Kunsthalle Karlsruhe
(C 3/4), Hans-Thoma-Str. 2-6
76133 Karlsruhe
Tel. (07 21) 926 33 55
www.kunsthalle-karlsruhe.de
mail@kunsthalle-karlsruhe.de
Di-Fr 10-17, Sa/So 10-18 Uhr
Eintritt 4 €
Die Mitte des 19. Jahrhunderts von Heinrich Hübsch im Stil der Neo-Renaissance errichtete Kunsthalle beherbergt eine hochkarätige Gemäldesammlung mit Werken deutscher, französischer und niederländischer Künstler von der Spätgotik bis zur Gegenwart.

MERIAN-Tipp

Donaueschinger Musiktage
International renommiertes Festival für zeitgenössische Tonkunst mit Uraufführungen neuester Werke. Mit Orchesterkonzerten, szenischer Kammermusik, Konzertinstallationen und multimedialen Musikinszenierungen, die besonders der Südwestrundfunk fördert.
(C 7), Kultur- u. Verkehrsamt
78166 Donaueschingen
Info und Vorbestellungen:
Tel. (07 71) 85 72 21-223,
Fax 85 72 28,
donaueschingen@swr.de,
jeweils 3 Tage im Oktober

Medienmuseum im ZKM
(C 3/4), Lorenzstraße 19
76135 Karlsruhe
Tel. (07 21) 810 00, Fax 81 00 11 39
www.zkm.de, info@zkm.de
Medienmuseum Do-So 11-18, Mi 11-20 Uhr, Eintritt 10 €
Zentrum für Kunst und Medientechnologie (ZKM) in einer ehemaligen Munitionsfabrik. Vernetzung von Kunst und Medien durch interaktive Installationen, Sonderausstellungen. Angeschlossen eine Mediathek und ein Musik- und Bildinstitut.

Schiller-Nationalmuseum und Deutsches Literaturarchiv
(E 4), Schillerhöhe 8-10
71672 Marbach am Neckar
Tel. (071 44) 84 80, Fax 84 82 99
www.dla-marbach.de
Schiller-Nationalmuseum:
tgl. 9-17 Uhr
Wechselausstellungen aus dem stetig wachsenden Fundus der Marbacher Institute zur neueren deutschen Literatur.

Schmuckmuseum Pforzheim
(C/D 4), Jahnstraße 42
75173 Pforzheim
Tel. (072 31) 39 21 26
www.schmuckmuseum-pforzheim.de
Di-So 10-17 Uhr, Eintritt frei

Mit Sinn und Leidenschaft

Private Sammlungen bereichern die Kunstszene

In Baden-Württemberg demonstrieren ambitionierte Museen die wichtige Rolle, die Privatsammler für das Kulturleben eines Landes spielen können. Einer von ihnen ist Reinhold Würth, der Chef des weltweit operierenden Schraubenimperiums. Im **Museum Würth** am Firmensitz Künzelsau werden Wechselausstellungen aus Sammlungsbeständen und Leihgaben mit Werken von der Klassischen Moderne bis zur Postmoderne präsentiert. Schwerpunkte sind u.a. Arbeiten von Robert Jacobsen, Alfred Hrdlicka und Christo sowie zahlreiche Skulpturen, die rund um das

Weltweit einzigartiges Museum mit Originalen aus fünf Jahrtausenden, darunter Schmuckstücke und Preziosen aus Renaissance und Jugendstil. Weiterer Schwerpunkt: zeitgenössische Schmuckkunst.

Linden-Museum
(D/E 4), Hegelplatz 1
70174 Stuttgart
Tel. (07 11) 202 23
www.lindenmuseum.de
Di, Do, Sa, So 10-17, Mi 10-20, Fr 10-13 Uhr, Eintritt frei
Das Staatliche Museum für Völkerkunde präsentiert seine imposante Sammlung zu außereuropäischen Kulturen von Alaska bis in die Südsee nicht nur in Vitrinen, sondern auch in lebensnahen Installationen. Familienfreundliches Lieblingsmuseum vieler Stuttgarter, das für Dauerausstellungen keinen Eintritt verlangt.

Mercedes Benz Museum
(D/E 4), Mercedesstraße 13
770322 Stuttgart

Weltkunst in der Provinz: Das Museum Würth in Künzelsau ist eine der bedeutendsten Privatsammlungen in Deutschland

Museum Würth installiert sind. Daneben hat der kunstsinnige Unternehmer sich von dem Architekten Henning Larsen in Schwäbisch Hall eine **Kunsthalle** für einen Teil seiner Sammlung bauen lassen. Über zwei Stockwerke verteilt wird Kunst des 20. und 21. Jahrhunderts präsentiert – von Pablo Picasso über Hans Arp bis zu Christo.

Gleich vier Privatsammlungen umfasst das **Museum für Neue Kunst** im Zentrum für Kunst und Medientechnologie Karlsruhe (ZKM). In zwei Lichthöfen einer ehemaligen Munitionsfabrik sind Leihgaben von Siegfried Weishaupt, Josef und Anna Froehlich, Friedrich E. Rentschler und der Familie Grässlin zu sehen: hochwertige Beispiele des abstrakten Expressionismus, der Konzeptkunst, der Pop Art und Arte Povera, der Minimal Art und der Neuen Wilden.

Einem eher ungewöhnlichen Themengebiet hat sich dagegen die Galeristin **Charlotte Zander** verschrieben. In dem barocken Schloss Bönnigheim zeigt sie die weltweit größte Privatsammlung an Naiver Kunst. Ob ihre Bilder dauerhaft in Baden-Württemberg bleiben, ist noch ungewiss.

Einen beinah unverstellten Einblick in die Sehnsucht des Sammlers, mit der geliebten Kunst eine enge Beziehung einzugehen, bekommt der Betrachter im Haus des 1989 verstorbenen Neurologen **Ottomar Domnick** bei Nürtingen. Sein Haus, 1967 erbaut, ist bis heute nahezu unverändert: Bilder, Skulpturen, Architektur und Möbel gehen eine Einheit ein und zeigen, was Ottomar Domnick zum wichtigen Sammler machte: große Leidenschaft, verbunden mit wertfreier Systematik. *Petra von Olschowski*

Kunsthalle Würth (F 3), Lange Straße 35, 74523 Schwäbisch Hall, Tel. (07 91) 94 67 20, www.wuerth.com, tgl. 10-18 Uhr, Eintritt frei
Museum Würth (E/F 3), Reinhold-Würth-Str. 15, 74653 Künzelsau, Tel. (079 40) 15 24 21, www.wuerth.com, tgl. 10-18 Uhr, Eintritt 5 €
Museum für Neue Kunst / ZKM Karlsruhe (C 3/4), Lorenzstr. 19 76135 Karlsruhe, Tel. (07 21) 81 00 13 25, Fax 81 00 13 09 www.mnk.zkm.de, mnk@zkm.de Mi 10-22, Do-So 10-18 Uhr, Eintritt 4 €
Museum Charlotte Zander (D 3), Schloss Bönnigheim, Hauptstraße 15, 74357 Bönnigheim, Tel. (071 43) 42 26, Fax 42 20 www.sammlung-zander.de, Di-Sa 11-15, So/Fei -16 Uhr, Eintritt 6 €
Sammlung Domnick (E 5), Oberensinger Höhe 4 72622 Nürtingen, Tel. (070 22) 514 14, www.domnick.de sammlung-domnick@t-online.de, April-Okt. Di/Do 15-18 So 13-18, Nov.-März 13-17 Uhr, Eintritt 3 €

Tel. (07 11) 172 25 78 www.mercedes-benz.com /classic mb.museum@ daimlerchrysler.com Di-So 9-17 Uhr, Mo/Fei geschlossen, Eintritt frei
Ein Tempel des „Heiligs Blechle" und also geballter Schwaben-Stolz: Vom Benz-Patent-Wagen bis zum Häkkinen-Renner der letzten Saison ist hier alles geparkt. Bus von der S-Bahn-Station Gottlieb-Daimler-Stadion.

Staatsgalerie Stuttgart
Konrad-Adenauer-Str. 30-32 70173 Stuttgart Tel. (07 11) 212 40 50 Fax 236 99 83 www.staatsgalerie.de info@staatsgalerie.de Fr-Mi 10-18, Do-21 Uhr Eintritt 4,60 €, Mi frei
Mit dem postmodernen Neubau von James Stirling setzte die Staatsgalerie in den achtziger Jahren einen modernen Akzent in der deutschen Museumslandschaft. Zu sehen ist Kunst des 20. Jahrhunderts vom Expressionismus bis zur Gegenwart, im Altbau die Sammlung europäischer Kunst von der Gotik bis zum Impressionismus.

Kunsthalle Tübingen
(D 5), Philosophenweg 76 70076 Tübingen Tel. (070 71) 969 10 www.kunsthalle-tuebingen.de info@kunsthalle-tuebingen.de Di-So 10-20 Uhr, Eintritt 2,60 €
Mit Ausstellungen zur französischen Kunst des 19. und frühen 20. Jahrhunderts hat die Kunsthalle für Besucher-Rekorde gesorgt. Neben Degas, Cézanne, Renoir und Zeitgenossen werden auch Meister der Gegenwartskunst wie Beuys, Warhol, Hanson und Kiefer präsentiert.

Pfahlbau-Museum
(E 8), Strandpromenade 6 88690 Uhldingen-Mühlhofen Tel. (075 56) 85 43 www.pfahlbauten.de April-Sep. 8-18, Okt. 9-17,

Nov.-März Sa/So 9-17 Uhr
Eintritt 5 €
Ein Modelldorf zeigt das Leben der Menschen am Bodensee vor 6000 Jahren. Die originalgetreu rekonstruierten Strohdachhäuser stehen wie damals auf Holzpfählen im Bodensee.

Vitra Design Museum
(A 8), Charles-Eames-Straße 1
79576 Weil am Rhein
Tel. (076 21) 702 32 00
www.design-museum.de
Di-So 11-18 Uhr
Eintritt 5,50 €
Nicht nur eine anspruchsvolle Sammlung von Möbeldesign und interessante Wechselausstellungen, sondern auch bemerkenswerte Architektur: die Museums- und Firmen gebäude wurden von Frank O. Gehry, Zaha Hadid, Tadao Ando, Alvaro Siza und Nicholas Grimshaw entworfen.

Theater und Musik

Festspielhaus Baden-Baden
(B/C 4), Beim Alten Bahnhof 2
75530 Baden-Baden
Tel. (072 21) 301 31 01
Fax 301 32 11
www.festspielhaus.de
Seit 1998 hat sich die Baden-Badener Bühne zu einem renommierten Spielort mit hochkarätigem Programm und Stars hochgespielt. Opern-, Ballett- und Konzertgastspiele.

Theater Lindenhof
(D 6), Unter den Linden 18
72393 Burladingen-Melchingen
Tel. (071 26) 92 93 94
Fax 92 93 95
www.theater-lindenhof.de
info@theater-lindenhof.de
Eines der außergewöhnlichsten Theater in einem Dorf auf der Schwäbischen Alb: Das Theater Lindenhof ist immer überraschend, gleichgültig ob Troll, Hölderlin, Brecht oder Härtling inszeniert wird. Das Publikum liebt die besondere Atmosphäre der ehemaligen Scheune und die Spielorte unter freiem Himmel (▶ s. S. 90).

Badisches Staatstheater Karlsruhe
(C 3/4), Baumeisterstraße 11
76137 Karlsruhe
Tel. (07 21) 93 33 33
Fax 355 73 46
www.karlsruhe.de/Kultur/Staatstheater
kartenverkauf@bstaatstheater.de
Konzerte der Badischen Staatskapelle, Musiktheater, Schauspiel und Ballett. Zu den Highlights im Programm gehören die alljährlichen Händel-Festspiele.

Forum am Schlosspark
(D/E 4), Stuttgarter Str. 33-35
71634 Ludwigsburg
Tel. (071 41) 91 71 00
www.forum.ludwigsburg.de
info@forum.ludwigsburg.de
Theater-, Konzert- und Opernaufführungen auf höchstem Niveau. Zu den Gastspielen des Tanzforums pilgern Ballettfans aus der ganzen Region.

Friedrichsbau Varieté
(D/E 4), Friedrichstraße 32
70174 Stuttgart
Tel. (07 11) 225 70 70
Fax 225 70 75, www.deag.de
friedrichsbau@deag.de
Vorstellungen:
Mo-Sa 18, 22, So 18 Uhr
Im zweimonatigen Wechsel bringt das Varieté ein anspruchsvolles und vielseitiges Programm. Neben jüngeren Bühnentalenten gastieren auch Stars wie Robert Kreis und

Klassischer Festivalsommer

Für Kulturfans gibt es keine Sommerpause: Klassikfreunde reisen zu den Schwetzinger und den Ludwigsburger Festspielen, zu den Herbert-von-Karajan-Pfingstfestspielen in Baden-Baden, dem Internationalen Bodensee-Festival und dem von dem Bach-Spezialisten Helmuth Rilling organisierten Europäischen Musikfest in Stuttgart.
Ein Teil der Aufführungen findet unter freiem Himmel statt: etwa bei den Festspielen in Schwäbisch Hall und auf der Burg Jagsthausen. Pop, Jazz und Kleinkunst präsentieren der Südwestrundfunk und verschiedene Veranstalter unter dem Begriff „Wunderland" – mit 500 000 Besuchern größtes deutsches Sommerfestival für Kleinkunst und Popmusik. *Petra von Olschowski*

Schwetzinger Festspiele **(C 2), Schwetzinger Zeitung-Kartenservice, Carl-Theodor-Straße 1, 68723 Schwetzingen**
Tel. (062 02) 20 55 20, Fax 20 55 30
Ludwigsburger Schlossfestspiele **(D/E 4), Marstallstraße 5**
71634 Ludwigsburg, Tel. (071 41) 93 96 36, Fax 93 96 77

www. schlossfestspiele.de, info@schlossfestspiele.de
Herbert-von-Karajan-Pfingstfestspiele
(B/C 4), Festspielhaus Baden-Baden, 76530 Baden-Baden
Tel. (072 21) 301 31 01, Fax 303 12 11, www.festspielhaus.de
Internationales Bodensee-Festival (E 8), Bodensee-Festival
Olgastraße 21, 88045 Friedrichshafen, Tel. (075 41) 720 71,
Karten@Bodenseefestival.de
Europäisches Musikfest Stuttgart (D/E 4), Internationale
Bach-Akademie Stuttgart, Johann-Sebastian-Bach-Platz
70178 Stuttgart, Tel. (07 11) 619 21 32, Fax 619 21 23,
www.bachakademie.de, office@bachakademie.de
Freilichtspiele Schwäbisch Hall (F 3), Kartenkontor Hall
Am Markt 9, 74523 Schwäbisch Hall, Tel. (07 91) 751 600
Fax 751 397, www.schwaebischhall.de
Burgfestspiele Jagsthausen (E 3), Ticket-Center,
Schlossstraße 12, 74249 Jagsthausen, Tel. (0 79 43) 91 23 45
Fax 91 24 40, www.jagsthausen.de,burgfestspiele@jagsthausen.de
Wunderland - Festivalsommer Baden-Württemberg
Zentrale Ticket-Hotline: Tel. (01 80) 592 92 11,
www.wunderland-bw.de, ticketservice@swr1.de
von vier bis vier (C 3/4), ZKM, Lorenzstr. 19, 76135 Karlsruhe,
www.von4bis4.de, Eintritt frei

Max Raabe unterm blauen Samthimmel.

KKL Kultur- und Kongress-zentrum Liederhalle
(D/E 4), Berliner Platz 1-3
70174 Stuttgart
Karteninfo: Tel. (07 11) 202 75
www.congress-stuttgart.de
Das KKL, bestehend aus dem Konzerthaus Liederhalle und dem Neubau des Kongresszentrums, ist der wichtigste Veranstaltungsort für Konzerte von Klassik bis Pop in der Stuttgarter Innenstadt. Mozart-, Hegel- und Beethovensaal werden von verschiedenen Veranstaltern bespielt.

Staatstheater Stuttgart
(D/E 4), Oberer Schlossgarten
70173 Stuttgart
Tel. (07 11) 20 20 90
Fax 202 09 20
www.staatstheater-stuttgart.de
tickets@staatstheater-stuttgart.de
Dreispartenhaus an mehreren Orten: Die Oper ist Heimat der weltberühmten Ballettcompagnie, des Staatsorchesters und der Stuttgarter Staatsoper (dreimal zur „Oper des Jahres" gewählt). Das Schauspielhaus hat seine Aktivitäten inzwischen auf mehrere Bühnen ausgedehnt, darunter das Theater im Depot und die Theaterkiste im Schlossgarten. Interessante Produktionen aller Ensembles auch im Kammertheater in der Stuttgarter Staatsgalerie.

Theaterhaus Stuttgart
(D/E 4), Ulmer Straße 241
70327 Stuttgart
Tel. (07 11) 40 20 70
Fax 402 73 63
www.theaterhaus.com
tickets@theaterhaus.com
Die größte Off-Bühne der Landeshauptstadt. Drei Bühnen und das Foyer für Gastspiele, Eigen- und Independent-Produktionen im Bereich Musik, Theater und Tanz. Ende 2002 soll das neue Haus am Pragsattel fertig sein.

Zentrum zeitgenössischer Kunst in postmoderner Architektur: die Neue Staatsgalerie Stuttgart, 1984 von James Stirling erbaut

Fern von Kneipp- und Sauerbrunnen-Image: der Glaspalast der Caracalla-Therme in Baden-Baden

AKTIV

Wasserspiele zur Gesundheit

In 33 Heilbädern sprudelt bis zu 68 Grad heißes Wasser aus der Erde – gut gegen Arthrose, Durchblutungsstörungen oder Muskelschwäche

Wozu ein Mensch mag haben Begier, ist wohl alles zu finden hier. Drum reist man nach Baden von fern und nah." Was Hans Foltz, mittelalterlicher Meistersinger, um 1480 in seinem „Puchlein" (Büchlein) zur Badekur in naturheißen Bädern schrieb, gilt noch heute. Wo die Römer vor 2000 Jahren den Grundstock der Bädertradition Baden-Württembergs legten, lassen es sich heute jährlich fast 40 Millionen Heilbad-Besucher gut gehen.
Wer das **Friedrichsbad** in Baden-Baden besucht – es galt nach der Einweihung im Jahre 1877 als schönstes Badehaus Europas –, fühlt sich in die prunk- und lustvolle Zeit der Renaissance versetzt. Das kreisrunde Bewegungsbad wird in 18 Meter Höhe von einem Kuppeldach aus Carrara-Marmor gekrönt. In der Mitte strahlt die Sonne durch das runde Fenster auf die erd-orangefarbenen Wände und hüllt die Badenden in wärmendes Licht. In den Heißluftbädern zieren Kacheln mit Seerosen und Flamingos die Wände, und der kalte Guss kommt aus den „Monsterduschen", schweren Messing-Duschköpfen vom Durchmesser einer Langspielplatte. Kur- und Badegäste mit modernen Komfortansprüchen gehen in die 1985 neben dem Friedrichsbad erbaute **Caracalla-Therme** und lassen sich dort ihre Arthrose oder die Bronchitis wegsprudeln. Oder sie ziehen Stuttgart vor, die nach Budapest zweitgrößte Bäderstadt Europas. Dort rieseln und strömen aus 19 Quellen täglich mehr als 22 Millionen Liter mineralisiertes und kohlensäurereiches Wasser.
Im **Mineralbad Leuze** werden zwei große Schwimmbecken und das Abkühlbecken der Sauna aus einer einzigen Quelle, der mit 24 Grad eher „kalten" Mombachquelle, gespeist. Aus anderen Quellen zwischen Bad Bellingen und **Bad Waldsee** rauscht bis zu 68 Grad heißes Wasser. Reich an Mineralen tut es Gelenken und Muskulatur gut, und der Kohlendioxidgehalt lindert Durchblutungsstörungen und Bluthochdruck. Wer den etwas salzigen Geschmack mag und sich zu einer Trinkkur überwindet, führt seinem Körper Jod, Magnesium, Sulfat und andere Mineralien zu. *Frauke Meyer*

Friedrichsbad und Caracallatherme
(B/C 4), Rotenbachtalstraße, 76530 Baden-Baden
Tel. (072 21) 27 59 20, 27 59 40, Fax 27 59 80
www.carasana.de, info@carasana.de, tgl. 8-22 Uhr
Friedrichsbad: 3 Stunden 20 €, Caracalla-Therme: 3 Stunden 13 €
Mineralbad Leuze
(D/E 4), Am Leuzebad 2-6, 70190 Stuttgart, Tel. (0711) 216 42 10
Fax 216 78 93, www.stgt.com/stuttgart/leuzed.htm.
tgl. 6-21 Uhr, Schwimmbad mit Sauna: 2 Stunden 4,90 €
Waldsee-Therme
(F 7), Maximilianstraße 13, 88339 Bad Waldsee, Tel. (075 24) 94 12 21
www.waldsee-therme.de, tgl. 9-21 Uhr, 2 Stunden 5,60 €

Hochseilklettern
In luftiger Höhe an einem frei hängenden Netz entlanghangeln, übers Drahtseil balancieren oder gesichert mit Klettergurt und Helm 15 Meter über dem Boden von einer Plattform zur 1,20 Meter entfernten nächsten springen.
(B 8), Hochseilgarten
Am Mühlenbach 3
79682 Todtmoos
Tel. (076 74) 92 10 55, Fax 89 33
www.hochseilgarten.com
info@hochseilgarten.com
pro Tag 71 €, halber Tag 46 €

Höhlenklettern
Georg Stefanovic führt fünf Stunden lang durch die Wasser führende Falkensteiner Höhle. Voraussetzung: Kondition und keine Platzangst. Die Teilnehmer müssen sich liegend durch Engstellen hindurchschieben und an Lehmwänden entlangtasten. Für Kinder und Einsteiger auch leichtere Touren.
(C 6), Firma Felsduell
Tierstein 4, 78713 Schramberg
Tel. (074 22) 24 06 93
www.felsduell.de
kontakt@felsduell.de
Preise: 55 €, Kindertour:
35 € für Erwachsene,
20 € für Kinder ab acht Jahren

Kanu fahren
In Krautheim werden die Kanus zu Wasser gelassen, am Abend holen die Verleiher die Kanuten in Schöntal oder Widdern ab. Unterwegs kann man auf und an der Jagst Eisvögel und Störche beobachten und Kloster Schöntal und die Götzenburg in Jagsthausen bewundern.
(E 2), Landgasthof zur Krone
König-Albrecht-Straße 3
74238 Krautheim/Jagst
Tel. (0 62 94) 362

www.krone-krautheim.de
info@krone-krautheim.de
Zweisitzer 42 €, Dreisitzer 52 €

Mountainbiken
An der Bikestation Bad Wildbad Bikes leihen und mit Bergbahn- oder Schlepplift auf den 840 Meter hohen Sommerberg. Von dort auf sieben verschiedenen Parcours per Dual-Slalom, Freeride oder Downhill mitten durch den Schwarzwald nach unten; mal in einer fünf Meter breiten, einer Bobbahn ähnlichen Abfahrt, mal über Baumwurzeln und Felsen.
Sog Sportmanagement GmbH
(C 7), Espenstraße 2/1
78167 Blumberg
Tel. (077 02) 41 90 21 Fax 41 90 22,
info@sogsport.de
www.sog-sport.de
April-Okt. Mi-So 10-18 Uhr
Preise: ca. 23 € für Erwachsene, ca. 18 € für Jugendliche (entspricht der Tageskarte für Lift und Bergbahn).
Der Übungsparcours ist gratis

Segelfliegen
An einer nach Westen steil abfallenden Hangkante liegt Klippeneck, Deutschlands höchster Segelflugplatz. Bei günstiger Thermik gelingen auch Fluganfängern stundenlange sanfte Gleitflüge. Erfahrene Piloten nehmen Passagiere mit.
(D 7), Klippeneck
A 81 Stuttgart-Singen, Ausfahrt Rottweil, Richtung Tuttlingen. Kurz vor Spaichingen links ab über Denkingen.
Kontakt: Martin Krämer
Freudenstädter Straße 20
72172 Sulz, Tel. (074 54) 924 06
www.klippeneck.n-e-t.de
info@klippeneck.n-e-t.de
20-minütiger Rundflug ca. 15 €

Segeln
In den Häfen des Bodensees gibt es viele Segel-Angebote. In sechs bis zehn Tagen, je nach Vorkenntnis und Übung, kann das Bodenseeschifferpatent erworben werden.
Segelschule „Yachtcharter" Raschewski & Held
(D/E 8), Bahnhofstraße 35
88662 Überlingen
Tel. (075 51) 32 18, Fax 6 31 80
www.raschewski-held.de
April-Okt. tgl. 9.30-12, 14-17.30 Uhr, ein Tag Schnuppersegeln kostet 20,45 €

Zeppelin überm Bodensee
Nur zehn Passagiere finden Platz in der Kabine des Zeppelins. Aber alle haben einen Fensterplatz, während sie eine Stunde lang 300 Meter über dem Bodensee schweben (▶ s. S 102).
(E 8), Im Norden von Friedrichshafen beim Flughafen, ab dort ausgeschildert
Tel. (07 00) 93 77 20 01
www.zeppelinflug.de
April-Okt., Flugticket ab 300 €

Von Rapunzel und Barfüßlern

Wege aus hellen Kieselsteinen durch akkurat geformte Blumengärten führen zu Aschenputtel & Co. Die Kinder bewundern Rapunzel, wenn sie ihren Zopf vom Turm hinunterfallen lässt und kreischen vor Vergnügen, wenn der Froschkönig sie mit Wasser bespuckt.
Märchengarten Ludwigsburg (D/E 4), Märchengarten / Blühendes Barock, Mömpelgardstraße 28, 71640 Ludwigsburg,
Tel. (071 41) 92 42 41, Fax 97 65 33, www.blueba.de, info@blueba.de
Mitte März-Anfang Oktober tgl. 9-18 Uhr.
Tageskarte für Erwachsene 6,50 €, für Kinder 3 €.
Fühlen mit den Füßen, ein Selbsterfahrungstrip für Kinder und Erwachsene: Sie laufen 2,4 Kilometer über Rindenmulch, Sand, Gras und spitze Steine, patschen durch Matsch und das kalte Wasser eines Bachs.
Barfußpark (C 5), Barfußpark, 72280 Dornstetten-Hallwangen,
Tel. (074 43) 96 20 30, Fax 96 20 99
www.barfusspark.de, info@dornstetten.de., Eintritt frei

Metzinger Schnäppchen

Beim Fabrikverkauf drängeln sich Familien, Geschäftsleute und Touristen um Restposten

Hosenlatz – dieses Wort kennt Kim Yang, denn der ist ihm kaputtgegangen; ansonsten spricht der koreanische Geschäftsmann kein Deutsch. Stangenweise hängen Anzüge um ihn herum, die in seinem Heimatland der Inbegriff für Eleganz sind: Boss – noch ein Wort, das für den Koreaner ein deutsches ist. Sein Geschäftskollege aus dem 30 Kilometer entfernten Stuttgart hatte ihm den Tipp gegeben: „In Metzingen geben Schwaben Geld aus, wenn sie sparen wollen!“ Denn hier in der Hauptstadt des Fabrikverkaufs stellen Hugo Boss und 13 weitere Firmen ihre Ware her und verkaufen sie auch gleich. Kim Yang schaut sich das Bildchen am Ärmel der Jacketts an: ein aufgemalter Anzugschnitt mit Kreuzchen am Rücken, darunter vermerkt: Nähfehler. Deswegen ist der Preis für den feinen Schurwoll-Zwirn, Modell Angelico, von 249 auf 124 Euro reduziert. Irritierend auffällig ziehen sich ein paar Fäden am Rücken des Dreireihers. „Aber wer merkt das schon?“, sagt der Koreaner und betritt die Umkleidekabine. Ein Stockwerk tiefer greift Yang eine weinrote Krawatte vom Haken, Mode aus dem vorletzten Jahr, dafür reduziert und erste Qualität für 35 statt 50 Euro.

Es ist Freitag, und Massen von Schnäppchenjägern strömen durch die Sicherheitsschleusen in die mit Teppich ausgelegten Hallen: Familien, Geschäftsleute, eine Reisegruppe. Für Neuschwanstein hatten die Amerikaner gerade mal zwei Stunden Zeit, in Metzingen bleiben sie einen halben Tag. Man bummelt die Hauptstraße entlang durch Fabriken und Geschäfte im Outlet Center: Outdoor- und Kinderkleidung, Accessoires von Gürteln bis zu Portemonnaies, Damen- und Herrenbekleidung. In der Abenteuer-Box von Uwe Kiefer macht ein Bergsteiger einen sensationellen Fang – ganz Deutschland hatte er zuvor nach dem Hängebett Black Diamond abgesucht. Neben Spezialausrüstung bietet die Abenteuer-Box auch Restposten an. Etwa einen Rucksack in gallegrün, 70 Prozent billiger. Ohne Nachlass würde das schrille Ding auch keiner kaufen, so Geschäftsführer Kiefer. *Tilman Wörtz*

Metzingen im Internet: www.metzingen.net
Hugo Boss (E 5), Kanalstraße 6, 72555 Metzingen
Tel. (071 23) 94 22 04, Mo-Fr 10-20, Sa 8-16 Uhr
Outlet Center (E 5), Nürtinger Straße 63, 72555 Metzingen
Tel. (087 35) 91 01 50 (Management)
Abenteuer-Box Uwe Kiefer (E 5), Wilhelmstraße 25
72555 Metzingen, Tel. (071 23) 203 47, Fax 203 47
www.abenteuerbox.de, Mo-Fr 14.30-19, Sa 10-15 Uhr

Absatz
(E 5), Hauptstraße 13
73033 Göppingen
Tel. (071 61) 68 48 06, Fax 707 35
www.absatz-mode.de
Trendboutique in einer ehemaligen Apotheke. Labels wie Peter Werth, W.&L.T., Sabotage.

Ghetto Deluxe
(D/E 3), Wilhelmstraße 5
74072 Heilbronn
Tel. (071 31) 91 94 07
Fax 91 94 09
www.ghetto-deluxe.de
Aki.Tuncer@ghetto.de
Weiterentwicklung eines Skater- und HipHop-Ladens zum coolen Modegeschäft mit nicht alltäglichen Designermarken. Außerdem esoterische Pflegemittel und Grüner Tee. Kleiner Entspannungsraum.

Orangerie Draenert
(E 8), Steigwiesen 3
88090 Immenstaad
Tel. (075 45) 208 39, Fax 208 10
www.draenert.de
orangerie@draenert.de
Ausstellung: Eintritt frei
Designmöbel zum Beispiel aus heimischer Rotkernbuche und Ölschiefer. Eigene Manufaktur, Showroom in einem preisgekrönten Haus im Stil einer Orangerie.

Weingut Beurer
(E 4), Lange Straße 67
71394 Kernen-Stetten i. Remstal
Tel. (071 51) 412 90, Fax 418 78
www.weingut-beurer.de
info@weingut-beurer.de
Fr 17-19, Sa 9-13 Uhr u.n.V.
Aromatischer frischer Riesling aus Familienbetrieb (▶ s. S. 100).

Weingut Stadt Lahr
(B 6), Inh. Hans Wöhrle
Weinbergstraße 3
77933 Lahr/Schwarzwald
Tel. (078 21) 957 190, Fax 393 98
www.ecovin.de/WEINGUT-STADT-LAHR
Neue frische Grau- und Spätburgunder von den Weinbergen über der Lahr (▶ s. S. 100).

Im Stil der Zeit: Drubba Black Forest Shop in Titisee

Abseits
(D/E 4), Tübinger Straße 1
70178 Stuttgart
Tel. (07 11) 62 14 51
Fax 615 16 05
www.abseitsmode.de
info@abseitsmode.de
In Stuttgart die erste Instanz für die Modeszene: Hier kleidet sich ein, wer nach Berlin zur Loveparade fährt.

Artani
(D/E 4), Eberhardstraße 31
70173 Stuttgart
Telefon (07 11) 236 91 51
Fax 236 91 52, www.artani.de
Stilvoller Kunsthandwerkladen:

KunstSpielZeug von Silvia Wanke, Filztaschen von Wagner, Design von Troika, Glasarbeiten von Arcade sowie Schmuckstücke von Langani.

Best.Store
(D/E 4), Sophienstraße 14
70178 Stuttgart
Tel. 018 05 00 59 59
Fax 018 05 03 06 66
www.best-store.de
info@best-store.de
Sorgfältig ausgewähltes Sammelsurium aus Designermode für Frauen, Accessoires, Geschenkartikeln, Büchern und Schnickschnack im Internet-Shop von Tina Josenhans. Seit einiger Zeit auch mit 150-Quadratmeter-Shop.

Bosch-Areal
(D/E 4), Seidenstraße/Breitscheidstraße, Stuttgart-West
Im Stuttgarter Westen zwischen Liederhalle, KKL-Kongresszentrum, dem neuen Literaturhaus und der Seidenstraße. Treffpunkt für Medien- und Kultur-Leute. Cafés, Bars und Restaurants sowie ein riesiger Öko-Supermarkt.

Buchhaus Wittwer
(D/E 4, Königstraße 30
70173 Stuttgart
Tel. (07 11) 250 70, Fax 250 71 45
www.wittwer.de/buchhaus
koenigstrasse@
buecher.wittwer.de
Traditions-Buchhandlung für Kunst und Kultur, Reise und Bildung seit 1867.

Klosterlädle
(D/E 4), Breitscheidstraße 47
70176 Stuttgart
Tel./Fax (07 11) 61 34 24
Mi-Fr 10-18.30, Sa 10-14 Uhr
Köstlichkeiten, die Nonnen und Mönche in 45 Klöstern keltern, brennen, sieden, schleudern und backen: Messwein, Schnaps, Honig, Seife, Öle und Plätzchen.

David Palmer
(D/E 4), Sophienstraße 15
70178 Stuttgart
Tel. (07 11) 649 18 99
Fax 649 19 18
www.david-palmer.de
Furore gemacht hat das Label mit roten Kreuzen auf T-Shirts. Sie erregten den Unmut des Deutschen Roten Kreuzes. Inzwischen gibt's T-Shirts und Unterwäsche mit großen Kreisen, Balken oder Ovalen.

Silique
(D/E 4), Immenhofer Straße 23
70180 Stuttgart
Tel. (07 11) 607 55 95
Fax 607 55 96, Termine telefon.
www.silique.de, email@silique.de
Silke Koch und Dominique Mittler wurden mit dem schneeweißen, papierenen Konzeptkleid „Mariage 2000“ bekannt und haben sich auf Haute-Couture-Anfertigungen und ausgefallene Accessoires spezialisiert. Showroom im Loft-Stil. Wem der Weg zu weit ist, bestellt per Internet.

Drubba Black Forest Shop
(B 7), Seestr. 37, 79822 Titisee
Tel. (076 51) 98 12 00
Fax 881 42, www.drubba.com
drubbafam@aol.com
Die Kuckucksuhren des 1958 gegründeten Familienunternehmens mit Namen wie „Beer Drinker“ oder „Kissing sweethearts“ finden weltweit begeisterte Abnehmer. Im Laden gibt's auch handgefertigte Puppen mit Bollenhut und Tracht, Krüge und Nussknacker – handmade in Germany.

Osiandersche Buchhandlung
(D 5), Wilhelmstraße 12-14
72074 Tübingen
Tel (070 71) 920 10, Fax 920 11 92
www.osiander.de
tübingen@osiander.de
Die älteste Buchhandlung Baden-Württembergs wurde bereits 1596 gegründet – in der Universitätsstadt Tübingen benötigte man schon früh Bücher. Filialen in Stuttgart, Reutlingen und Böblingen. Großes Internet-Angebot.

Weingut Karl H. Johner
(A 7), Bischoffingen
Gartenstr. 20, 79235 Vogtsburg
Tel. (076 62) 60 41, Fax 83 80
www.johner.de, info@johner.de
Mo-Sa 14-17 Uhr
Trockener Grauburgunder und Rivaner, Sauvignon Blanc mit Holunderbeer-Aroma und roter Spätburgunder aus dem Hightech-Weinkeller von Karl-Heinz und Patrick Johner (▶ s. S. 100).

BADEN-WÜRTTEMBERG: SITE-SEEING

Informationen

Tourismus-Verband Überblick übers Ländle **www.tourismus-baden-wuerttemberg.de**

Baden-Württemberg Der digitale Weg ins Bundesland, zu Ministerien, Datenbanken und Reiseinformationen **www.baden-wuerttemberg.de**

Webbes Suchkatalog der Stuttgarter Zeitung und Stuttgarter Nachrichten für weitere Web-Adressen **www.webbes.de**

Flughafen Stuttgart Realtime-Anzeigetafeln, Anfahrtsskizzen und Webcam **www.flughafen-stuttgart.de**

Virtuelle Reisen

Schwabentest Wer wird „Schwabe h.c.“? **www.abwwwge.de/schwaben/test.htm**

Museen Der Museumsführer und Ausstellungskalender für das ganze Bundesland **www.netmuseum.de**

Wein Virtuelle Reise zu den badischen Weinbauregionen und Weinhoheiten **www.germanwine.de/Baden/index.htm**

SWR3 Radio-Comix fürs Ohr: Kultsendungen zum Anhören, der Schwäbischkurs mit Fräulein von Hochtenbach zum Bestellen **www.swr3.de**

Traditionen

Kehrwoche Kulturgeschichte eines schwäbischen Rituals **www.petermangold.de/schwab30.htm**

Alemannische Fasnet Elkes Schwabenseiten über Narrenzünfte **www.elkeswelt.de/schwaebisch/fasnet.htm**

Spätzle Werkzeuge, Rezepte und Wissenswertes über die Beilage **www.spaetzle.de**

Maultaschen Beim Metzger Mack frische Maultaschen online ordern **www.maultaschen.com**

Restaurant Wielandshöhe Vincent Klink, schwäbischer Meisterkoch, serviert traditionelle Gerichte **www.wielandshoehe.com**

Badische Heimat Landeskunde am Oberrhein und viele Links des Heimatvereins **www.badische-heimat.de**

Sprache Um Schwäbisch zu sprechen, muss man auch schwäbisch denken. Sparsamkeit ist die Devise – ein Crashkurs **http://home.t-online.de/home/horst.jeschke/schwaebisch.htm**

Webcams

Bodensee Alle acht Sekunden ein neues Bild vom Konstanzer Hafen **www.bodensee-webcams.de/stadt.html**

Feldberg Ausblick vom Fernsehturm Seebuck **www.topin.ch/de/feldberg**

Stuttgart Ständig aktualisiertes Panorama der Landeshauptstadt **www.webcam.tesion.de/f_panorama.htm**

Tübingen Der Marktplatz mit alten Fachwerkhäusern **www.tuebingen.de/aktuell/camera/00.html**

▶ Sämtliche Links direkt zum Anklicken unter **www.merian.de/magazin**

Augen & Ohren

Buchtipps

Wolfgang Abel, **Oasen im Südschwarzwald,** Oase, 1996, 16 € Versteckte Lieblingsplätze, selten begangene Wanderwege und ursprüngliche Gasthäuser beschreibt dieser kompetente Führer.

Wolfgang Abel, **Freiburg, Breisgau, Markgräflerland – Gastronomie, Wein, Landschaft,** Oase, 2001, 19,80 € Klassischer Führer für kritische Genießer zwischen Freiburg und Basel.

Gerd Betz, **Kulturland Baden-Württemberg,** Belser, 2001, 39,80 € Informativer Bildband mit landesgeschichtlicher Ausrichtung.

Brunhilde Bross-Burkhardt, Bärbel Schlegel, **Bauerngärten in Baden-Württemberg,** Silberburg, 2002, 24,90 €. Schmökerbuch und Bildband, Ratgeber und Ausflugsführer zu Museums-, Kloster- und privaten Gärten.

Freizeit erleben, **Auf Tour in Baden-Württemberg,** Landesvermessungsamt Baden-Württemberg, 12,80 € Gute Auswahl von Wander- und Radtouren, Bahnstrecken und Kontaktadressen.

Peter Härtling, **Hölderlin,** Kiepenheuer u. Witsch, 1999, 12,90 € und **Waiblingers Augen,** dtv, 1998, 8,64 € Härtling, selbst Schwabe, dichtet in diesen romanhaften Biografien das Leben der romantischen Schriftsteller nach. Im „Hölderlin" akribisch und umfassend, im „Waiblinger" prägnant und anrührend.

Jürgen Hagel, **Maskenfest und Mammutzähne,** Episoden aus Stuttgarts Vergangenheit, Silberburg, 2000, 24,90 € Nachlesen, warum die Fahrt von Stuttgart nach Esslingen früher lebensgefährlich war.

Jürgen Heinel, **Wer weiß, wo's ist?** Württemberg in 50 Rätseln, Silberburg, 1999, 9,90 € Eine Reise für Rätselfreunde.

Brigitte und Heinz Jacobi, **Besenbuch,** Wetterhuhn, 2002, 7 € Alles über die Besenwirtschaften des Landes.

Wolfgang W. Meyer, **Jakobswege,** Württemberg, Baden, Franken, Schweiz, Silberburg, 2000, 15,90 € Ein Führer für Pilger und Kulturwanderer.

Manfred Rommel, **Trotz allem heiter – Erinnerungen,** Ullstein, 2001, 8,95 € Der ehemalige Stuttgarter Oberbürgermeister erzählt.

Stuart Pigott, **Die großen Weißweine Deutschlands,** Hallwag, 2001, 24,90 € Pigott,bedeutender Weinkritiker, liebt deutsche Weißweine. Interessant und amüsant nicht nur für Weingourmets.

Kontakte

Karten aus MERIAN-Heften sind unter der Telefonnummer (089) 450 00 72 72 oder unter geomatics@ipublish.de zu bestellen.

Wohnen im Quadrat

Mannheim, die zweitgrößte Stadt des Bundeslandes mit 309 000 Einwohnern, liegt am Zusammenfluss von Rhein und Neckar. Die frühere Residenzstadt der Pfalz hat einen der größten Binnenhäfen Europas. Einzigartig ist die Adressierung der Häuser in der schachbrettartig angelegten Innenstadt. Mannheims Zentrum wurde im 17. und 18. Jahrhundert in 136 (inzwischen 144) Rechtecke eingeteilt. Dabei wurden nicht die Straßen benannt, sondern jeder Häuserblock erhielt einen Buchstaben und eine Zahl. Auch die Häuser wurden blockweise nummeriert, beginnend mit der zum Schloss weisenden Ecke jedes Blocks. Blocks rechts der zentralen Kurpfalzstraße sind im Uhrzeigersinn, Blocks links der Achse gegen den Uhrzeigersinn nummeriert.

Eine Hauptstadt als Idyll: Das Café Papeneiland an der Prinsengracht

Meisterstück: Rembrandts „Nachtwache" im Rijksmuseum

Arbeit im Rotlichtviertel: Neue Gesetze für ein altes Geschäft

- Neuland für Architekten: Modernes Wohnen im alten Hafen
- Cees Nooteboom über Jordaan, das bezauberndste Viertel der Stadt
- Vom Mythos der multikulturellen Gesellschaft
- Gediegen, exzentrisch, berauschend: Shopping in Amsterdam
- Zwischen Ijsselmeer und Nordsee: Mit dem Rad durch Nordholland
- MERIAN Service-Magazin. Adressen, Reisetipps, Internet.
  Mit großer MERIAN-Karte

Es folgen: Istanbul, Die Loire, Budapest

Zuletzt erschienen:

März 2002

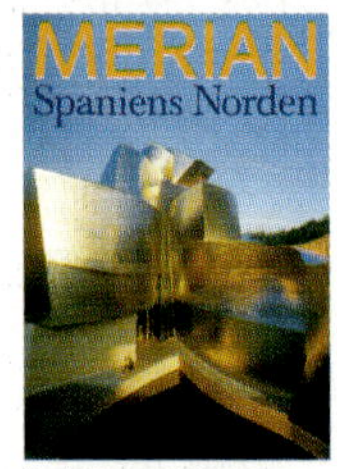

Februar 2002

Januar 2002

Dezember 2001

November 2001

Oktober 2001